好爸爸写给青春期儿子的私密手册

坤 爸——著

中华工商联合出版社

图书在版编目（CIP）数据

好爸爸写给青春期儿子的私密手册 / 坤爸著. -- 北京：中华工商联合出版社，2018.7
ISBN 978-7-5158-2310-2

Ⅰ. ①好… Ⅱ. ①坤… Ⅲ. ①青春期—家庭教育
Ⅳ. ①G782

中国版本图书馆CIP数据核字(2018)第099625号

好爸爸写给青春期儿子的私密手册

作　　者：坤　爸
特约编辑：张芳芳
策划编辑：胡小英
责任编辑：邵桃炜　李　健
装帧设计：润和佳艺
责任审读：李　征
责任印制：迈致红
出版发行：中华工商联合出版社有限责任公司
印　　刷：大厂回族自治县彩虹印刷有限公司
版　　次：2018年8月第1版
印　　次：2018年8月第1次印刷
开　　本：880×1230mm　1/32
字　　数：150千字
印　　张：7.5
书　　号：ISBN 978-7-5158-2310-2
定　　价：42.00元

服务热线：010-58301130
销售热线：010-58302813
地址邮编：北京市西城区西环广场A座
19－20层，100044
http://www.chgslcbs.cn
E-mail：cicap1202@sina.com（营销中心）
E-mail：gslzbs@sina.com（总编室）

前言
PREFACE

一年四季，春夏秋冬不停地轮回，这是大自然的节奏。生命也有其内在节奏，从新生儿到婴儿，到儿童，少年，再到成年，不得不说，生命对于大多数人都是一场考验，只有冲破层层关卡才能到达生命的理想圣地。对父母而言，抚养孩子长大是一件非常艰难的事情。尤其是当孩子进入青春期后，各种各样的问题接踵而来，不仅孩子会感到困惑，父母更是从来不会觉得轻松。

在传统的观念中，大多数父母都觉得男孩进入青春期后不断长高长壮，似乎无须再把太多的时间和精力放在教养男孩上。的确，现代社会物质丰富，生活水平都大幅度地提高，很多男孩在小学高年级就已经比爸爸妈妈高了。然而，这一切都只是男孩生理上的发展，其实他们的心理发育远远没有成熟，仍然需要父母的保护与引导。而且，青春期男孩尽管会因为身强体壮不容易受到他人的伤害，但他们体内大量分泌的荷尔蒙会使他们很容易因为自己的冲动和莽撞受到伤害。

因此，父母一定不能对青春期男孩的成长放松警惕，反而要更加关注青春期男孩。每一个青春期男孩的体内都蕴含着巨大的能量，而他们因为情绪冲动、性格暴躁，时不时地就会做出让人惊讶的举动。除了担心青春期男孩受到外界伤害之外，父母也应该关注青春期男孩会伤害他人的问题。总而言之，对男孩来说，青春期绝不是轻轻松松就能度过的人生阶段。

从性别的角度说，青春期男孩会跟爸爸的关系更加亲密，因为他们已经长大，意识到了男女有别，对于很多只属于男性的秘密不知道如何向妈妈开口。也许男孩在此前的成长过程中与妈妈比较亲近，但是一旦进入青春期，他们则会更加信任和依赖爸爸。这是由男孩青春期的身心发育特点决定的，妈妈无须感到失落，反而应该为男孩与爸爸之间的友好关系感到高兴，因为这意味着爸爸能够更好地陪伴和引导男孩度过青春期。

作为爸爸，回想起自己曾经走过的青葱岁月，一定会有很多的话想对男孩说。一个真正的好爸爸，陪伴男孩再走一遍青春期又何妨！相信爸爸一定会在男孩成长的过程中看见曾经努力的自己。

目录
CONTENTS

第二章 成长中那些难以启齿的烦恼

第三章 性是爱的升华，拒绝好奇和冲动

第四章 做个人见人爱的清爽男孩

第五章 男孩先要学会保护自己，才能保护别人

第六章 保持心理健康，做个真正的男子汉

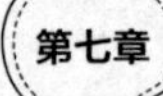

第七章 初恋这件美好的小事

第八章 青春期男孩如何与同学、朋友相处

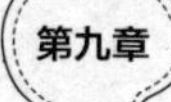

第九章 青春期男孩如何与父母相处

第十章 远离网络危害，健康快乐成长

第一章 青春期男孩的奇妙身体变化

进入青春期后，男孩的身体会发生各种各样的变化，这些突如其来的变化会让男孩措手不及。其实这些变化都是正常现象，是每个男孩都会经历的，提前了解青春期的相关知识，男孩就可以自如应对青春期出现的各种状况。

1 —— 青春期，男孩蜕变成男人的关键期

青春期是男孩从孩子向成人转化的过渡阶段，在这个阶段，男孩开始出现第二性征，如睾丸快速生长、胡须和阴毛长出、声音变得低沉、身高和体重快速增长等。因为来得很突然，再加上很多男孩没有提前掌握相关的生理知识，这些变化往往会使男孩很尴尬。其实，这些变化都是生命成长过程中的正常改变，不管是男孩还是女孩，都要在青春期进行蜕变，才能从孩子变成成人，因而顺利度过青春期是一个人成长的关键。

通常情况下，男孩的身心发育比女孩晚两年左右，一般从十二岁开始进入快速发展阶段，而在十七八岁的时候进入缓慢发展阶段。而且每个男孩青春期开始时间的早晚及持续时间的长短都是不同的。有的男孩十二岁开始发育，且发育速度较快，十七八岁的时候可能就发育成熟了。而有的男孩十四岁的时候才开始发育，且发育速度较慢，直到二十几岁还在长高呢！这是因为每个人的遗传基

因和身体素质不同，所以生长发育的速度也不同。

在青春期，男孩不仅身体外形会发生各种变化，心理也会变得丰富而敏感。尤其是当男孩看到身边大多数同龄人开始变高变壮，而自己的身体发育很滞后，他们心里就会困惑不安，甚至产生自卑心理。有的男孩因为不了解青春期的知识，面对身体突然发生的变化会惊慌失措，这时候父母一定要做好男孩的引导工作，因而父母一定要提前储备关于青春期的知识，未雨绸缪，为男孩的成长做好万全的准备。

总而言之，每个男孩都要走过青春期这段青涩的时光，因为情绪不稳定，内心容易波动，所以很多青春期男孩实际上是苦闷的。因此，男孩在遇到问题的时候要第一时间向父母求助。当男孩能够怀着从容的心态面对青春期的各种变化时，就会感受到生命的魅力，从容地迎接生命的绽放。

2 别害怕，身体的这些变化都是正常的

小嘉今年十一岁，正在读小学五年级。一天放学后，小嘉有些害羞地跟妈妈说：“妈妈，我们班男生都长胡子了。”说完，他不好意思地笑了起来。看到小嘉如此羞涩，妈妈以为小嘉也长胡子了，便想借此机会给小嘉普及关于青春期的知识，因而问小嘉：“你觉得自己的身体最近有什么变化吗？”小嘉点点头，说：“有一些小小的变化吧。”妈妈问：“那么，你想了解这些变化吗？”小嘉赶紧回答：“想。”

其实小嘉心里早就对这些变化感到好奇了，只不过不知道该向谁咨询。问爸爸吧，爸爸工作忙，晚上很晚才回家。问妈妈呢，小嘉已经到了知道男女有别的年纪，很多问题都不好意思问妈妈。因而他赶紧追问妈妈：“妈妈，怎样才能了解呢？”妈妈拿出两本书，都是关于青春期身体和心理发育的。小嘉觉得妈妈简直太贴心了，当天晚上他完成作业后就在房间里捧着这两本书看了起来。

从生理学的角度而言，大多数男孩在十一二岁的时候进入青春期，其显著标志就是睾丸会突然增长、增宽。这正是为青春期男孩分泌雄性激素做准备。接下来，男孩会惊讶地发现阴茎变长变粗，其实这都是变大的睾丸加速分泌雄性激素导致的。大概在十二岁前后，男孩的身高会突然增长。一年之后，他们开始长出惹人烦恼的阴毛，喉结也会渐渐凸起，说话的声音变得又粗又哑。

随着不断成长，男孩身体的很多部位都会长出浓密的毛发，整个身体的汗毛也会变得浓重，还会出现遗精现象。通常情况下，男孩的第一次遗精出现在十四岁到十五岁之间，有个别男孩会提前或延后，这都是根据个人不同的身体情况出现的个体差异，无须紧张。根据发育早晚不同，医学上把青春期发育情况划分为早熟型、均衡型和晚熟型。这些不同的类型并没有好坏之分，只是表明身体发育时间的早晚。因此，当男孩发现自己的身体发育比同龄人早或者晚时，没有必要感到自卑或者紧张不安。

面对身体发生的一系列变化，男孩千万不要惊慌，在遇到不懂的问题时，可以向父母求助。切勿在自以为身体出现“异常”的情况下，盲目与同学或者好朋友讨论，导致做出伤害身体的举动。作为父母，在男孩进入青春期以后应该密切观察他的身心发育情况，给予男孩最大的关注和最好的照顾。总而言之，要想青春期不迷惘，男孩要更多地了解自己的身体，父母要密切地关注男孩，亲子之间一起努力，才能让男孩顺利度过青春期。

3 —— 要想声音有魅力，变声期要好好保护嗓子

小嘉才刚刚把班里男同学长胡子的事情告诉妈妈，就发现自己的声音有些变了。原本，他说话的声音很清脆，就像铜铃一样，而且底气十足，但现在他的声音变得有些低沉和嘶哑。有一天，小嘉因为和同学们一起疯狂地背书，放学回家后居然连话都说不出来了。妈妈以为小嘉是扁桃体炎或咽炎犯了，赶紧带着小嘉去看医生。不想，经过一番检查，医生却说小嘉是声带水肿。

妈妈着急地问医生："为什么会声带水肿呢？以前没有发生过这样的情况啊。"医生问小嘉："你今天是不是说话比较多，而且很大声？"小嘉点点头，哑着嗓子回答："是的，我们今天背书了，全班同学都很用功。"医生又问："你发现自己最近这段时间声音有一些改变吗？"小嘉又点点头，说："有点儿像破锣！"说完，小嘉情不自禁地笑起来。医生一本正经地告诉他："小同学，你的声音之所以变化，是因为你已经进入青春期，声带开始发育

了。在这个阶段声带很容易感到疲劳，发生水肿，因而你要特别爱惜声带，不要大声喊叫。这样，你长大之后声音才会优美而富有磁性。”小嘉兴奋地问：“能像主持人那么好听吗？”医生点点头：“当然，不过前提是你必须保护好声带。”

听了医生的介绍，妈妈才知道原来声带也会水肿，便问道：“医生，还有其他需要注意的吗？”医生笑了，说：“也不用过于紧张，只要少吃辛辣刺激的食物，不要受凉，作息规律，保证充足的睡眠就行了。”妈妈赶紧把医生的话记下来，平日里督促小嘉执行。

男孩进入青春期之后声音发生改变，是因为声带不断发育导致的。大多数男孩的变声期出现在十二岁到十六岁之间，当然因为个体差异，每个男孩具体的变声时间和情况也会有所不同。在变声期间，因为持续发育，声带很容易水肿，除了要吃一些软质精细的食物保养声带之外，男孩在发声时也要多多注意，避免大声喊叫。只有这样，声带才能良好发育，发育成熟之后才能拥有优美、富有魅力的嗓音。

在儿童时期，男孩与女孩的声带很相似，因而男童和女童的声音很像，基本上没有什么区别。到了青春期之后，男孩的声带变得又长又宽又厚，声音就会变得厚重。女孩则恰恰相反，她们的声带变得又窄又短，而且比男孩的薄，因此，女孩的声音会变得尖锐高亢。

为了让声带更好地发育，男孩除了要避免辛辣刺激的食物之外，还要摄入更多富含胶原蛋白、弹性蛋白、维生素 B 和钙质的食物，如猪蹄、芹菜、牛奶等。另外，这一时期应尽量吃软质、精细的食物，以防声带损伤。

对青春期男孩而言，为了保护声带，还要清淡饮食，足量饮水，每天饭后要刷牙，以减少细菌滋生，保持喉部的干净卫生。在生长发育旺盛的青春期，男孩的声带一旦受到伤害就会影响音质，所以在此期间一定要注重保养声带，为将来拥有迷人的声音做足准备。

4 喉结大小不是身体发育好坏的绝对标志

上了初一之后，因为学习内容有了很大的改变，所以一开始小嘉完全没有心思想别的问题，满脑子都是学习。尤其是在上初一之前，表哥表姐们都在小嘉面前说初中学习是多么可怕，危言耸听，导致小嘉心理压力骤增。然而，正式上初一后小嘉却发现一切并没有那么可怕。其实，尽管初中学习内容增多，学习压力变大，但是只要按部就班地完成学习任务，做好课后的作业就能安排好学习生活。

一天课间，小嘉发现班里的男生聚在一起嘀嘀咕咕的，他好奇地凑了上去。原来，同学们正在比谁的喉结大，并且以大为荣。如果发现哪个男生的喉结比较小，他们就会嘲笑那个男生不是个纯爷们儿，还会说那个男生是"小姑娘"。对青春期男孩而言，这样的藐视当然是无法忍受的。因此，当小嘉被同学们称为"小姑娘"时他气得七窍冒烟。回到家里，小嘉问爸爸："爸爸，喉结小的男生就不是男生，而是女生吗？”爸爸惊讶地看着小嘉：“你怎么会有这样的想法呢？喉结大小并不能代表什么呀！”小嘉伤心地说：“班里的男生喉结都比我大，还嘲笑我是小姑娘。”爸爸笑了，说：“小嘉，你知道喉结是什么吗？”小嘉摇摇头，爸爸说：“喉结是人体咽喉部位的一块软骨，其实女性也有，只不过男性的雄性激素分泌旺盛，所以喉结更凸出而已。喉结凸出，为喉部提供了更大的空间，因而男性的声音往往显得更低沉。科学研究表明，喉结凸出并不是判断男性性征发育的绝对标志，喉结小的男性也依然非常阳刚。而且，喉结大小与遗传基因也有关，爸爸的喉结不凸出，所以你的喉结也不大。但是，你觉得爸爸不够 man 吗？”听到爸爸这么问，小嘉笑着回答：“爸爸，您很 man 。”爸爸安抚小嘉：“既然如此，你还有什么可担心的呢！你要是认真观察就会发现，很多田径运动员、电影明星的喉结也不凸出，这并不影响他们取得成功！”小嘉这才放下心来。

喉结是大是小并不能绝对反映男孩身体发育的情况。首先，男孩的身体发育有早有晚。其次，正如小嘉爸爸所说的，男孩的第二性征也会受遗传基因的影响，所以每个男孩在青春期都会表现出不同的生长发育情况。当小嘉看到同班同学比自己发育早、发育快，而自己的喉结小时完全无须惊慌，因为很有可能他只是后人一步或遗传了爸爸的小喉结而已。

作为男性的第二性征之一，喉结出现后男孩就会进入更快速的青春期发育阶段，例如肌肉变得更加发达、体毛变得更浓密厚重等。因为体内雄性激素的大量分泌，男孩的喉软骨开始快速生长，变得越来越凸起。正是在喉结凸起后，男孩才出现变声的现象，在此之后，男孩的声音会变得低沉粗犷。而女性身体内以雌性激素为主，因而女孩在进入青春期后喉结并没有太明显的变化。如果有些女孩体内分泌的雄性激素较多，那么也会导致女孩的喉结有所凸起。

对人体而言，喉结并没有太大的实际功能，除了影响男性的声音之外，只是体现了男性和女性体内雄性激素和雌性激素的不同分泌而已。不管喉结是大还是小，男孩都没有必要惊慌，因为喉结不能代表身体的发育水平，也不会影响男孩未来的成长。

5—— 私处开始冒出性感的小毛毛

有一天，小嘉紧张地发现自己的私处冒出了很多类似于胡须的小毛毛。万一被同学发现该多么尴尬，一定会被他们嘲笑的，难道我是毛孩吗？小嘉思来想去，决定停止被动等待，采取主动的方法。一天晚上洗完澡，他偷偷拿了爸爸的剃须刀在卫生间里给自己剃私处的毛毛。然而，小嘉剃完之后忘记清理剃须刀，爸爸很快就发现了剃须刀的异样，问小嘉："小嘉，你用爸爸的剃须刀了吗？"小嘉点点头。

爸爸看了看小嘉，说："你还没长胡须，暂时还不需要剃须刀啊，你剃了哪里？"小嘉有些不好意思地看着爸爸，用手指了指自己的私处："不知道为什么，这里长出了很多毛毛。"爸爸恍然大悟，对小嘉说："小嘉，男孩进入青春期之后体毛会变得浓密，而且还会长出腋毛和阴毛。所谓腋毛，就是腋窝下面的毛，所谓阴毛，就是私处的毛。通常情况下，阴毛比腋毛更早一年长出。阴毛

有保护私处的作用，最好不要剃掉。以后你会发现，随着不断长大，阴毛会越来越浓密，也会变粗变长，变得卷曲，明白吗？”听完爸爸的解释，小嘉点点头。然后，爸爸又严肃地告诉小嘉：“剃须刀是私人卫生用品，一定不能与别人共用，否则很容易传染疾病。”小嘉这才意识到了问题的严重性。

随着青春期的发育，男孩会先长出阴毛，再长出腋毛。通常情况下，男孩的发育一旦开始就气势汹汹，很多男孩因为雄性激素分泌旺盛，因而不仅仅生殖器周围会长出阴毛，大腿内侧、肛门周围也会长出阴毛。阴毛能够起到润滑的效果，避免身体与衣物之间产生摩擦。此外，阴毛还能保持皮肤干燥，吸收阴部的分泌物，因而对身体健康十分有利。所以当看到阴部长出细密柔软的毛毛时男孩无须惊慌，要耐心等待阴毛变得更粗更长更卷曲，那样标志着男孩作为男性的成熟。

等到阴毛开始探头探脑之后，腋毛也会长出来。如今，很多爱漂亮的女孩会选择剃掉腋毛，或者是彻底除掉腋毛，其实这对身体健康是有害的。不管是男孩还是女孩，腋毛都能有效防止细菌滋生，避免敏感的腋窝受到外来侵扰。其次，在进行运动的时候，腋毛还能缓解腋窝周围的皮肤与衣物的摩擦，避免皮肤被擦伤。随着青春期的到来，隐私部位的小毛毛都会先后长出来，而且身体上的毛发也会越来越多，这都是身体发育的正常现象，不必惊慌，也不必想方设法除掉这些毛毛。这些毛毛都是身体健康的标志，也是男孩明显的第二性征，它们的出现与生长是完全符合身体发育规律的。

男孩一定要记住，不要盲目剃掉身上的毛毛，更不要因为觉得难看就用手拔掉毛毛，否则很容易引发毛囊炎。在生活中，男孩要保持发型整洁，当胡须长长了可以用剃须刀剃掉，其他部位的毛发坦然面对即可，无须过分紧张。

6 —— 胡子越来越多，该如何打理

小嘉体内的雄性激素分泌比较旺盛，才升入初二，他的上唇两侧就已经长出胡子了。看着越来越浓密的胡须小嘉有些尴尬，他不知道应该如何处理胡须，又不能一根一根地把它们拔掉，为此非常苦恼。

一天中午，好朋友昊轩故作神秘地问小嘉："小嘉，你能告诉我你是怎么处理那些胡须的吗？"小嘉看了看昊轩，这才发现昊轩的上唇中部也是黑乎乎的一片。小嘉有些尴尬地笑了："我也不知道啊，我正发愁这事呢！你问我等于白问。"昊轩说："那你偷偷用过爸爸的剃须刀吗？"小嘉摇摇头："没有啊，我听人家说越刮越多，所以就不敢刮，而且，爸爸说剃须刀不能共用。"昊轩说："其实，我拔过一次胡须，偷偷用我妈修眉毛的夹子拔的。但是，拔掉的地方当时就红起来了，妈妈说是毛囊发炎，我也不敢告诉她是拔胡子导致的。"小嘉惊讶地说："这么严重啊！"昊轩点点

头："所以你千万不要拔。但是也不能刮，那要怎么办呢？过段时间，我们会不会变成长胡须的老爷爷了？"小嘉赶紧安抚昊轩："不会的，不会的，放心吧。不过我们的确要想个好办法处理胡子了，我可不想还没长大就变老啊！"

到了青春期，男孩的身体发生了各种各样的变化，有些变化可以掩饰，有些变化例如喉结、胡须等都是不能掩饰的。尤其是胡须，因为始终处于生长的状态，如果不能找到一个好的处理办法，还真是会影响形象呢！正如事例中小嘉和昊轩讨论的那样，胡须是不能拔掉的，不然会引发毛囊炎，后果很严重。那么，胡须能不能刮掉呢？实际上，大多数青春期男孩的胡须还没有那么浓密，也不像爸爸的胡须那样硬，因而没有必要急于处理。毛茸茸的胡须看起来就像生长浓密的汗毛，不会太影响美观，所以男孩可以让胡须自由生长一段时间后再开始使用剃须刀。在胡须如同汗毛一样时，过早使用剃须刀会促进胡须生长，必须要定期清理才能保持清爽，反而会比较麻烦。

与急于处理胡须的男孩不同，还有些男孩会把胡须留起来，觉得这样有个性。殊不知，留长了的胡须尽管能让男孩显得与众不同，但是胡须过长过密会影响嘴部卫生，每天不管是呼吸还是吃饭喝水，都会让胡须变得脏兮兮的。不得不说，丛生的胡须是一个藏污纳垢的好地方，很容易滋生细菌。从卫生健康的角度出发，男孩还是要养成定期清理胡须的好习惯。

在清理胡须时，男孩最好不要使用手动的刀片剃须刀，很容易伤到自己。父母可以为男孩准备一个质量较好的电动剃须刀，这样每天早晨只需要一两分钟的时间，男孩就能刮好胡须。当刮胡须的工作结束后，男孩最好清洁面部并且在长胡须的地方涂抹护肤品，滋润受到刺激的皮肤。总而言之，青春期男孩正处于快速成长期，很多部位都非常娇嫩，必须用心养护才能保证健康。当然，父母要尽量为男孩提供便利的条件，尽管男孩不像女孩那么爱美，但是健康和卫生都是必须保证的。

7 —— 为什么别人都长高了，而你没有

从小豪杰就又矮又瘦，和叔叔家的小嘉又高又壮的样子完全不同。现在豪杰上高中，小嘉上初中，豪杰却比小嘉矮了一个头。每次见到小嘉，豪杰都觉得很郁闷，虽然他名义上是哥哥，但身高体重样样落后于小嘉。

从小学到初中，豪杰都坐在班里的第一排，即使上了高中，他也和很多身材娇小的女生一样坐在靠前的位置。豪杰郁闷极了：我怎么就长不高呢？

有段时间，男生们疯狂地迷恋打篮球，但是没有人愿意和豪杰一起玩，因为豪杰总是给团队拖后腿。无奈，豪杰只好和女生一起当啦啦队。那段时间，他觉得整个人生都是灰暗的，甚至觉得自己再也没有希望长高了。

转眼之间，豪杰高中毕业考入大学。那一年豪杰突然开始长高，一年之内长了差不多十五厘米。因为极其快速的生长，豪杰严

重缺钙，每天都觉得腿疼、膝盖疼。后来，豪杰去医院咨询医生，医生得知豪杰的身体发育情况后马上给豪杰开了两大瓶钙片，并且叮嘱豪杰一定要补充营养，饮食要均衡合理。这下，原本站在班级前排的豪杰一下子成了大高个，身高蹿到了一米八几，成了不折不扣的帅小伙。

相信很多发育较晚的男孩都有过这样的苦恼，看着身边男生的身高如同芝麻开花一样节节攀升，他们却按兵不动：我怎么就不长高呢？有些男孩的身高在青春期没有显著变化是有原因的。

首先，爸爸妈妈本身不高，那么男孩受遗传影响，身高往往也不会太高。当然，如今的物质条件越来越好，孩子身体发育需要的各种营养都能得到及时而充足的供应，很多孩子的身高会超过爸爸妈妈。其次，每个孩子的身体素质和发育情况都不同，包括家庭生活条件和日常的运动情况也不同，这些因素都会影响孩子生长发育的节奏，所以有些孩子长得较早，而有些孩子则长得较晚。例如事例中的豪杰，初高中时一直比较矮，直到上大学那一年才突然间长高。

对青春期男孩而言，如果想要自己长得高、长得壮，那么就一定要摄入均衡充足的营养，适量参加运动。记住，不是每个男孩一进入青春期都会飞速长高的，对于成长，男孩一定要耐心等待，给予生命足够的舒展时间。此外还需要注意的是，如果体重增长速度过快，也会影响男孩长高。因此，青春期男孩还要适当地控制体重，既要保证充足的营养摄入，也要避免体重过度增加，从而让身体获得更好的发育。

8——如何摆脱满脸的青春痘

上了初二后，小嘉的脸上冒出了很多青春痘，而且皮肤出油很厉害，油光满面的。小嘉很担心，觉得满脸的痘痘影响了他的帅气，因而就使劲用手挤痘痘，想把痘痘尽快消灭掉。没过几天，小嘉脸上的好几个痘痘都发炎了，整个下颚变得又红又肿。

妈妈赶紧带着小嘉去看医生。医生仔细询问后，严肃地警告小嘉："小伙子，以后千万不要用手挤痘痘了，尤其是长在面部危险三角区的痘痘，否则有可能引起严重后果。"小嘉很惊讶："什么是面部危险三角区？"医生在自己的脸上比画给小嘉看："就是从鼻翼两侧到下颚部位的三角区，这里毛细血管较多，很容易发炎感染，严重的还会导致脑膜炎，危及生命。而且挤压痘痘后留下的疤痕难以消除，也会影响美观。"小嘉听医生说得这么严重，连忙问："那么，就没有办法治疗青春痘了吗？"医生笑着说："孩子，青春痘有什么不好啊，你现在讨厌青春痘，以后说不定还会怀念它们呢！等到年纪大了，想长也长不出来了。想要改善长痘痘的情况，每天清晨和晚上都要清洁皮肤，保持皮肤清爽，然后再用一些爽肤水给皮肤补充水分。切记，千万不要选择油性的护肤品或者是比较厚重的护肤品，否则会加重皮肤的出油情况，导致毛孔堵塞，使长痘痘的情况更加严重。”听了医生的话，小嘉点了点头：原来痘痘还是这么娇嫩的东西啊，以后可有的忙了。

的确，痘痘是很娇嫩的。对男孩而言，除了要定期清洁皮肤之外，还要尽量饮食清淡，少吃辛辣刺激和油腻的食物如烟酒、咖啡、浓茶等，多吃新鲜的蔬菜和水果，这样能减少皮肤油脂的分泌。此外，有些男孩喜欢留盖着额头的头发，要知道头发如果脏了，容易污染毛孔，所以男孩最好理精干的短发，从而保持毛孔干净卫生。

除了以上因素外，精神因素也会影响痘痘的生长情况。例如当精神压力很大或者情绪紧张的时候，痘痘的生长往往更加茂盛。从另一个角度而言，保持情绪的平稳和舒缓有利于减轻痘痘的生长态势，对于控制痘痘有很好的作用。

第二章
成长中那些
难以启齿的烦恼

青春期男孩正处在从孩子走向成人的阶段，因而在成长过程中难免会遇到很多属于男人的、让他们难为情的烦恼。这些烦恼远远超出了男孩的理解范围，但又是他们不得不面对的。在这种情况下，男孩难免会紧张焦虑。那么，到底如何解决这些成长的烦恼呢？

1 正常成年男人的性器官是什么样的

小嘉已经上初二了，清晨因为尿意醒来时，小嘉观察自己勃起的阴茎，觉得很短小。小嘉非常担心，不知道是不是因为自己身体不正常才会这样。小嘉很想知道成年男人的性器官是不是有标准的大小，他想问爸爸，又觉得不好意思。

有一次，小嘉实在忍不住问了好朋友，没想到好朋友也和他一样懵懂，有相同的苦恼。在讨论了一番没有任何结果之后，他们约定各自回家问爸爸，然后再把答案放在一起讨论。放学回到家里，爸爸还没下班，小嘉用微信给爸爸发了一条信息："爸爸，阴茎要多大才算正常？"他还是没勇气当面问爸爸，因此决定躲在屏幕后面向爸爸了解这个严肃的问题。过了一会儿，爸爸的回复就来了："每个人身体情况不同，会有差异，但是只要在正常范围内，都是没问题的。"小嘉回复了爸爸一个尴尬的表情，继续硬着头皮问："那么，正常范围值是多少到多少呢？"爸爸这次回复很快，原来是一本科学读本截图。看完相关内容，小嘉恍然大悟，原来男性的阴茎大小并没有固定的标准，而是一个弹性范围，因而绝大多数男性的阴茎发育都是正常的，完全无须担忧。小嘉终于放下心来。

青春期男孩对于身体的变化总是有着太多的惊奇，在不断探索身体奥秘的过程中，他们或恍然大悟，或更加困惑，这些也都属于正常的心理反应。在这种情况下，爸爸一定要给男孩正确的引导，让男孩知道每个人身体发育的先后快慢不同，出现差异是正常现象，从而让男孩拥有从容的心态，不会因为自己与他人小小的不同就感到恐慌。

此外，和前文所说的每个孩子长高的早晚快慢不同一样，每个男孩阴茎的发育早晚与速度也是截然不同的。有的男孩发育早，有的男孩发育晚，只要不是过分滞后就完全没问题。面对青春期的诸多敏感问题，男孩在了解表象掩盖下的真相之后应该放宽心胸，不要总是耿耿于怀。当怀着一颗积极乐观的心面对成长时，男孩一定会更快乐，更茁壮成长。

2 你的“小弟弟”为什么会歪向一侧

好不容易才解开关于阴茎大小的疑惑，没过多久小嘉就发现他的“小弟弟”总是歪向一侧，看起来就像打了败仗的士兵一样。小嘉特别担心：我的“小弟弟”是不是有问题啊？这可怎么办？

小嘉想问问爸爸，又怕爸爸责怪他总是关注“小弟弟”，不把精力用在学习上。问妈妈？那更不可能了，小嘉比妈妈还要高出半个头，怎么好意思和妈妈讨论这种隐私问题呢？小嘉每天都在思考这个问题却找不到答案，觉得很苦恼。最终，他不得不再次向爸爸求助。周末，爸爸将一本科学读物放在小嘉卧室，趁着没有课外班，小嘉翻开了这本书认真阅读起来。读完之后，小嘉这才了解阴茎歪向一侧是正常现象，只要不是病理性的歪斜，就不会对身体有任何影响。

随着青春期的到来，男孩慢慢向着男人过渡，因而也产生了很多成年男人才会有的烦恼。当发现阴茎勃起后歪向一侧时男孩一定会很紧张，因为他们认为这是不正常的，而且会严重影响他们日后的生活。殊不知，大多数成年男性仍然会出现阴茎勃起后歪向一侧的现象。这种现象基本属于正常现象，无须过于担心。但是也有例外，如果是因为包皮系带过短或阴茎硬结症等情况导致阴茎歪向一侧的话，就需要及时就医。

此外需要注意的是，在青春期阴茎处于快速发育之中，因而男孩最好穿着宽松的运动裤，给阴茎自由的发育环境，而不要总是穿着紧身牛仔裤，否则阴茎与牛仔裤经常摩擦，会影响阴茎的正常发育。

3 包皮过长是怎么一回事

每次看到电视上关于割包皮的广告，小嘉都会觉得很纳闷，他虽然知道每个男性的阴茎上都有包皮包裹着，但是不确定什么情况才属于包皮过长。而且，他很纳闷割包皮手术难道是要把包皮割掉一圈吗？那岂不是很疼。小嘉对男性的生殖健康很感兴趣，这是好现象。青春期男孩了解一些关于男性生殖健康的知识，能够帮助他们健康成长。

转眼之间，暑假到了，小嘉叫嚷着要去奶奶家，和大伯家的豪杰哥哥玩。然而，到了奶奶家，豪杰哥哥却不在家，奶奶说哥哥是去做手术了。小嘉一听手术就很紧张，赶紧追问，这才知道哥哥不是生病了，而是去做个小手术——割包皮手术。小嘉再也按捺不住，追问爸爸："为什么要割掉包皮啊？我看每个男人都是有包皮的啊！"爸爸忍不住笑起来，回答小嘉："不是割掉包皮，是割掉多余的包皮。"小嘉恍然大悟："哦，我说呢，我还以为是要彻底割掉包皮呢！”

包皮是指位于阴茎上龟头处的褶皱皮肤。每个男性的包皮生长状态都是不同的，有的男性包皮的长度正合适，恰巧半包裹着龟头，这样在勃起的时候就能自然露出。还有的男性包皮过长，包裹着整个龟头，要用手向外翻才能露出来。包皮过长会导致尿液残留在包皮内，滋生细菌，成人之后还会影响性生活的质量。如果包皮发炎，不仅会使龟头红肿，还会诱发阴茎癌。因此，男孩要养成良好的卫生习惯，在清洗私处时要把包皮翻过来，清洗干净，从而避免发炎。此外，男孩也可以根据自身情况决定是否接受手术。

如果青春期男孩不能敏锐觉察到自己的异常，爸爸一定要肩负起陪伴男孩成长的责任，多多关注男孩的成长情况，及时发现男孩成长过程中的异常，果断处理，保证男孩健康成长。

4 —— 睾丸一个大一个小怎么办

随着不断地成长，小嘉的问题一个接一个地出现。最近这段时间，小嘉一直因为私处的事情而烦恼，先是阴茎大小和歪斜，接着是包皮问题，如今到了另一个重要物件——睾丸的问题了。

一天洗澡的时候，小嘉无意间摸到睾丸居然一大一小，他当时就被吓着了。睾丸不应该是相同大小的吗？怎么会一大一小呢？思来想去，小嘉都不能平静，爸爸过来询问后不由得笑起来：“你这小子心还挺细的，我告诉你，这是正常的，因为我也这样。”小嘉听了这才如释重负。

不仅青春期的男孩会出现睾丸一大一小的情况，很多成年男性的睾丸也是一大一小。其实，睾丸一大一小是正常现象，对于生活没有任何影响。只不过青春期男孩突然发现这一点时会非常紧张与惊慌。在这时，爸爸要为男孩普及相关的知识，帮助男孩消除紧张。

正常情况下，如果没有其他异常，睾丸一大一小不需要特别处理。而如果曾经患过睾丸炎或受到过外伤，两个睾丸大小差距过大，并且感觉睾丸不舒适，那么就要马上就医查明情况。总而言之，成长无小事，青春期男孩应该密切关注自身的生长发育情况。如果男孩本身神经大条，那么父母更要时时关注男孩的成长状况，从而及时给予引导和帮助。

5 精子是怎么产生的

一天下课后，昊轩突然神秘地问小嘉："小嘉，你知道什么是精子吗？"小嘉摇摇头。昊轩压低声音在小嘉耳朵边说："我昨天在网上看到，精子能够长成小人儿，就在这里。"说着，昊轩还左顾右盼，装作不经意地指了指自己的私处。小嘉有些害羞，生怕其他同学听到他们的对话，赶紧提醒昊轩："好了，别说了，放学再说。"

放学之后，昊轩和小嘉一起往学校外面走。走到没人的地方，昊轩终于能够放心大胆地问小嘉："小嘉，你就不想知道精子是什么吗？"小嘉疑惑地看着昊轩："你是说小小的睾丸里藏着一个人？这怎么可能呢，打死我也不信。"昊轩说："你不信就不信，但是我告诉你，真的是这样的，我昨天在网上看到的。"小嘉说："网上有很多错误的信息，不能相信，我今晚回家查一查书，明天再讨论，我也要亲眼看到才相信。"当晚回家，小嘉写完作业就翻

开爸爸送的科学读本查找相关内容。果不其然，小小的睾丸里大有乾坤，这让小嘉非常惊讶，不由得感叹身体的奇妙。

当男孩比较小的时候，精子的胚胎——精原细胞一直在睾丸里沉睡，这个时期精原细胞并没有太大的用处。进入青春期后，精原细胞就开始觉醒，它们越来越活跃，逐渐分化成精子细胞，又经过一段时间的努力，最终长成成熟的精子。提起精子，很多人马上就会想到小蝌蚪。的确，成熟的精子在显微镜下看起来和小蝌蚪很像，它们有着大大的脑袋和又细又长的尾巴。精子的大头对遗传有重要的作用，因为这个大脑袋里携带着男性的染色体。

在青春期内，由于每个人的身体素质不同，其精子成熟的时间也不同，因此才会有小嘉那样的疑问。当知道了精子的奥秘后，男孩千万不要着急，要耐心等待精子的形成。

6 —— 遗精很正常，恭喜你已经长大了

一天夜里，小嘉醒来发现自己的短裤湿湿的，他满脸羞愧，以为自己尿床了，赶紧起身检查被褥，结果却发现被褥都干干净净的，完全没被尿湿。小嘉很疑惑，用手摸了摸湿了的短裤，感觉黏糊糊的，似乎并不是尿床。他有点紧张，直觉告诉他这是一件不好的事情，于是他赶紧换下内裤，将脏了的内裤放在床下的一个盒子里。后来，这样的情况又发生了好几次，小嘉每次都会把内裤偷偷地藏起来，他内心惴惴不安，既担心自己的身体出现异常，又害怕爸爸妈妈发现他的秘密。

终于，妈妈大扫除的时候在小嘉的床下发现了那个装满内裤的盒子，她马上就明白是怎么回事了。于是，妈妈给爸爸发了一条信息，让他晚上早点回家，给小嘉普及一下生理知识。通过爸爸的讲解，小嘉了解了自己的身体正在经历的变化，终于能够坦然地面对了。

对青春期男孩而言，当睾丸内不断地产生精子直到精子太多要溢出来时，就会在睡眠的过程中发生遗精现象。正如人们常说的“水满则溢”，男孩体内的精子数量达到一定程度时也需要排出体外。有些男孩遗精会伴随着做梦，而有些男孩则会在深度睡眠状态下遗精，自己完全无知无觉。

正常的遗精频率大概两周一次，或者在更长的时间里才会发生一次。第一次遗精时男孩往往比较紧张，甚至觉得自己做了不好的事情。实际上，遗精是正常的，完全无须紧张。如果遗精的次数特别多且伴随着身体不适，那么就是病态的遗精，需要及时就医治疗。

很多男孩担心遗精会导致肾虚，影响身体健康，其实是多虑了。青春期男孩应该尊重身体发育的自然规律，保持愉悦的心情，坦然接受青春期的身体变化，遇到不解的问题不要害羞，可以及时向父母求助，以免胡思乱想，造成不必要的精神压力。

7 遗精也和女孩的月经一样有周期吗

接连几次遗精之后，小嘉发现自己遗精的周期变长了，他有些担心：爸爸不是说精满则溢吗？难道我最近没有产生新的精子吗？还是已经储存了太多的精子，给身体造成沉重负担了呢？他不停地胡思乱想，寝食不安。他还发现，有的时候自己看到班里的女生时也会产生异样的冲动，忍不住要盯着女生开始发育的胸部看。而且每当他对女生产生异样的感觉后夜里遗精的概率就会大大增加。他既羞愧又自责，觉得自己的行为非常下流，因而变得焦虑起来。他不知道的是，他正处于青春期的萌动之中，对女生有异样的感觉完全是正常的。白天受到性的刺激，夜晚的时候做一些关于性的梦，发生遗精也是情理之中的事情。

随着科学知识的普及，越来越多的青春期男孩认识到遗精是正常的生理现象，并不会损伤身体，然而对于多久遗精一次还是有很多男孩跟小嘉一样感到困惑。事例中的小嘉既不想遗精频繁地出现，又担心长时间不遗精会导致身体出问题，因而变得精神紧张，特别敏感。

总体而言，遗精的周期与男孩的身体发育和心理发育密切相关。研究表明，生活条件优越、身体发育情况良好的男孩第一次遗精的时间较早，而且遗精的次数也相对多一些。而物质条件较差的男孩，第一次遗精的时间较晚，有的时候数周才遗精一次。那么通常情况下，青春期男孩如果发育正常，多长时间内会遗精一次呢？一般来说，正常发育的青春期男孩每个月大概遗精一至两次，每次排出的精液量大概是三至五毫升。也有少数青春期男孩遗精相对频繁，保持在每周一至两次的频率，只要身体没有其他异常反应，都属于正常现象。这种周期性遗精的现象会持续到结婚，或者是到男孩长大成人有稳定的性伴侣和规律的性生活时。

对遗精次数频繁或者身体出现异常的男孩而言，除了要寻求医生指导外，还要注意减少对自身的性刺激。不要观看色情的图片、影片，将精力分散到读书、学习、运动上，让自己尽量不要胡思乱想。在选择衣服时也要尽量穿宽松的衣服，从而减少对私处的摩擦。晚上睡觉时可以穿着内衣入睡，而且尽量采取侧卧的方式，这样能够有效减少被褥或者手部对私处的触碰，减少遗精的次数。

也许有人会感到困惑，青春期男孩的遗精也有一定的规律性和周期性，那么是不是和青春期女孩的例假一样呢？当然不是。青春期女孩的例假是由排卵周期决定的，而青春期男孩的遗精现象和身体素质、精神状况、感情状态等都有密不可分的关系。在青春期，男孩要注重对身体的保养，除了要摄入充足的营养，保证充分的休息，还要清淡饮食，多吃水果和蔬菜，保持愉悦的心情。总而言之，孩子的成长和发育是很复杂的事情，青春期男孩处于身心快速发展的阶段，要面对人生中很多的第一次，父母更要为男孩的成长保驾护航，起到积极的引导作用。

8 为什么早晨起来“小弟弟”会勃起

在很长一段时间内，每天早晨起床时小嘉都会感到自己的“小弟弟”变得异常坚硬，甚至把他薄薄的睡裤都顶起来了。为此，他去卫生间时只能保持弯腰驼背的姿态，生怕被爸爸妈妈发现他的小秘密。

一天早晨，小嘉正睡眼蒙眬地哈着腰往卫生间走，妈妈看到小嘉的模样后，马上批评道：“你这个孩子，小小年纪怎么跟个小老头似的，给我把腰挺起来，不然就真的变成驼背了。”小嘉有些尴尬地看了妈妈一眼，一溜烟跑去卫生间了。这时，爸爸小声提醒妈妈：“你没看到他的‘小弟弟’硬起来了吗？你还让他挺直腰，那岂不是暴露了他的小秘密？”爸爸这么一说，妈妈也觉得有些不好意思了，嗔怪爸爸：“你刚才怎么不提醒我！”爸爸无奈地说：“当着小嘉的面，我怎么提醒你啊？他会不好意思的。你这个当妈的也太粗心了，小嘉进入青春期了，你说话也注意一点。”

大多数人都认为阴茎只有在进行性生活的时候才会因为兴奋而勃起，实际上阴茎有两个功能，不但能与异性进行性活动，而且能够排尿。当然，大多数人都已经习惯了使用排尿功能，因而往往会忽略。

青春期男孩想要了解“小弟弟”早上会勃起的原因，就必须先了解阴茎的构造。阴茎是由龟头、阴茎的主体和根部构成的，阴茎的主体叫作阴茎体，主要包括一条尿道海绵体和两条阴茎海绵体。海绵体外部还包裹着丰富的筋膜，筋膜外层是皮肤。青春期男孩之所以清晨时阴茎会勃起，很大程度上是因为经过一夜的积累，膀胱里充盈着尿液，所以海绵体的根部肌肉收缩，在做排尿准备。只有极少数男孩会因为梦境的刺激等原因产生性兴奋，从而阴茎勃起。不管属于哪种情况，阴茎在晨间勃起都是正常现象，青春期男孩完全无须担心。

第三章 性是爱的升华，拒绝好奇和冲动

进入青春期之后，男孩对于性爱一定会有懵懂的冲动和强烈的好奇。然而，他们对性爱缺乏了解，不能完全理解爱与性爱之间的关系。对于性爱，很多青春期男孩更多的是生理上的冲动，而不知道性爱是爱的升华，是爱的更高表现形式，是要以爱作为基础和前提的。

1—— 性是什么

进入初三之后，小嘉明显觉得班里男生与女生之间的关系变得生疏起来。小学时期男生与女生可以无所顾忌地玩耍，甚至在小学低年级阶段还能手拉手成为好朋友，然而到了小学高年级，男生与女生之间则有了一些距离，到了初中，男生与女生完全像是在遵循古训：授受不亲。

有段时间，班级里的很多男生都疯传大班长刘刚和学习委员丽丽恋爱了。小嘉很惊讶：不是才上初中吗？怎么就恋爱了呢？但是他也觉察到了自己的改变，那就是从与女生两小无猜到后来故意疏远，如今他居然想要亲近女生。尤其是看到班里长得比较漂亮且发育较好的女生时，他的身体还会发生莫名其妙的躁动，甚至产生性的冲动。没错，小嘉已经模糊地意识到这是性的冲动，但是对性他还没有准确的认知。一说起性，爸爸妈妈总是吞吞吐吐的，小嘉不禁想：性真的有那么可怕吗？

青春期男孩不可避免地会产生性冲动，而且面临着生理和心理上的困扰。然而，偏偏很多父母都无法正面与孩子谈性，总是对孩子的疑惑敷衍了事。殊不知，对好奇心强烈的青春期男孩而言，一味搪塞和逃避反而能激起他们对性的好奇和欲望。与其遮遮掩掩欲语还休地激起男孩的好奇心，不如大大方方坦然从容地与他们谈论性，帮助他们了解性。

受传统思想观念的影响，很多父母觉得性是肮脏的、不洁的。殊不知，人类之所以能够世世代代繁衍不息，正是基于性。因此，性是非常神圣的，对于性，任何时候都要保持敬畏的态度。当男孩意识到这个道理，他们就会更加慎重地对待性，也能够控制自身的性冲动，从而有效控制自身的感情，让自已从容迎接爱情的到来。

遗憾的是，无论怎么摆正性的地位、纠正关于性的各种观念，依然有很多父母不能坦然与孩子谈性，也不能对孩子正面开展性教育。其实，父母对孩子开展性教育未必要从正面进行，也可以用委婉的方式进行。如今有很多关于性知识的书籍，父母在对孩子进行性的启蒙之后，可以买一些相关书籍给孩子看。如果孩子有不明白的地方，也可以通过文字表达的方式与父母进行沟通。切记，对于性这个话题，最忌讳的就是避而不谈。

2—— 真正的男人，不会轻易伤害喜欢的女孩

初三的学习很紧张，小嘉却开始了早恋。一开始，爸爸并不知道这件事情，以为小嘉每天放学晚回家是在学校写作业。实际上，小嘉确实是在写作业，只不过是和喜欢的女孩一起写作业。

有一天，爸爸下班比较早，正好路过学校，便准备去接小嘉回家。爸爸走到教室门口，就发现宽敞的教室里空荡荡的，原本应该认真写作业的小嘉正和一个女孩拥抱在一起！看着眼前这一幕，爸爸马上意识到必须给小嘉灌输关于爱的“安全知识”，以免小嘉冲动，造成严重的后果。

爸爸当时没有惊动小嘉，而是回到学校门口的车里给小嘉发了一条微信：“小嘉，放学了吗？我今天下班早，现在在你们学校门口。如果放学了，赶紧下楼吧，我接你回家。”爸爸的信息才发出去几分钟小嘉就急急忙忙下了楼。爸爸装作若无其事，开车载着小嘉回家了。

晚上吃完晚饭，爸爸来到小嘉的卧室，询问了他最近的学习情况。小嘉似乎觉察到爸爸的异样，有些坐立不安。聊了几句后，爸爸自然地把话题转移到早恋上，并且拿别人作为例子，告诉小嘉早恋的孩子一旦越过雷池必然影响学业和人生。说完，爸爸不经意地问："你们班里有早恋的吗？据说现在初中生也有恋爱的。现在的孩子实在成熟太早，容易冲动，一不小心就会逾越雷池。到那个时候，受伤最大的就是女孩，不但影响学业，还严重影响身体健康，后果真的很严重啊！"小嘉赶紧摇头否定，不敢看爸爸。

次日，爸爸拿回来一本普及性知识的书给小嘉看，小嘉躲在房间里很快把书看完，了解了过早性生活的危害。此后的一段时间小嘉每天按时回家，爸爸不由得松了一口气：看来，小嘉已经开始有意识地避免和喜欢的女孩过分亲密了。

随着身体的不断发育，青春期男孩难免会出现性冲动。在这种情况下，如果男孩恰巧与喜欢的女孩两情相悦，开始早恋，那么很容易在好奇与冲动的驱使下过早地发生性行为。青春期的男孩和女孩虽然在身体上已经逐渐走向成熟，但是心理上依然很稚嫩，缺乏自控力，父母一定要及时关注，给予提醒。

而且，大多数青春期男孩和女孩对性的了解还是一知半解的，他们能凭着本能的冲动偷吃禁果，却不知道过早发生性行为对彼此的身心健康都会造成严重的损害。尤其是女孩，一旦不小心怀孕就会追悔莫及，也会非常被动。然而，真正的爱从来不是盲目的，也不是不负责任的。对青春期男孩，父母必须教育他们学会负责，学会保护自己喜欢的女孩。人生中的很多事情都是不能提前的，尤其是关系到人生幸福的大事。作为父亲，尤其要告诉男孩的是，如果喜欢一个女孩，就不要以爱的名义去伤害她，而是要像呵护这个世界上最珍贵的珠宝一样，努力保护女孩，珍视这份情谊。

3——如何摆脱性幻想的干扰

小嘉虽然没有想与女孩过度亲密，但有的时候，他正在做作业，就会幻想着自己和心爱的女孩拥抱在一起，彼此亲吻，甚至还会在想象中与女孩做出逾越雷池的举动。

尤其是每天晚上做完作业，洗漱完躺在床上的时候，小嘉的思绪更是天马行空。他迫不及待想要长大，因为那样他就可以决定自己的行为，而完全无须担心逾越雷池了。在这样的想入非非之中小嘉明显感觉到自己的内心躁动不安。久而久之，小嘉每次看到女孩内心都很羞愧，觉得自己非常下流，甚至都不敢直视女孩了。这种心理压力严重影响了小嘉的学习状态，上课的时候经常走神，明知道自己这样想不好，却偏偏控制不住，让他非常苦恼和纠结。

青春期男孩出现性幻想很正常，事例中，小嘉因为有喜欢的女孩，所以性幻想的对象就是那个女孩。还有很多男孩并没有早恋也依然会因为生理和心理上的冲动而产生性幻想，只不过他们性幻想的对象不是特定的人，甚至有些男孩还会对着喜欢的女明星的照片进行性幻想。以传统的观点看，很多人会说这样的男孩不正经，甚至用下流来形容他们。殊不知，这种情况对青春期男孩而言完全是正常的，因为在青春期内男孩的身体会分泌出大量的雄性激素，因而他们的性冲动非常强烈。在这个时期，男孩会从最初的与异性保持距离转变为特别想亲近异性，尤其想与异性发生亲密的性关系。有的时候，如果男孩的欲望太强，还会以手淫的方式满足自己的欲望。

从本质上而言，性幻想实际上是指男孩在清醒的状态下产生性幻觉，从而满足自己的性渴望的行为。这种行为并非正常的性行为，而是性行为的变异形式。因而如果性幻想严重，导致男孩精神恍惚，做事情不能集中注意力，那么父母还是要帮助男孩调整心态。

首先，父母应该帮助男孩正确认识性幻想。可以由爸爸给男孩讲一些相关知识，让他们了解适度的性幻想是正常的，进而减轻他们的心理负担，这样男孩才能正视性幻想，不至于因为受到极度的压制而更加沉迷。其次，让男孩远离不良信息。为了降低性幻想的频率，男孩一定要主动远离那些容易引起性幻想的书籍、图片及视频，否则会因为受到强烈的刺激而无法控制自己的冲动。最后，帮助男孩培养有益的兴趣。如果青春期男孩能够合理安排自己的学习和生活，让自己充实快乐地度过每一天，那么就能够有效转移注意力，减少性幻想的次数。

总而言之，青春期男孩应该以学习为主，最好不要早恋，这样也能避免每天看到爱慕对象而更加频繁地产生性幻想。

4 自慰会影响身体健康吗

最近，小嘉产生性幻想的次数非常频繁，为了满足自己强烈的性欲望，他开始自慰。虽然很担心自慰会影响身体健康，但是小嘉无法控制自己日渐强烈的性需求，只想第一时间就得到满足。然而，渐渐地他发现自己陷入了恶性循环之中，每次都怀着强烈的需求自慰，自慰之后又感到满心愧疚，不知道应该如何面对自己。他总是责怪自己：我变成一个坏孩子了，我还是我吗？

与自慰本身相比，自慰给青春期男孩带来的巨大心理压力和沉重的内疚感才是对他们伤害最大的。实际上，虽然不鼓励男孩自慰，但是自慰本质上只是一种正常的生理现象，并不是罪恶的。只要摆正心态，适度自慰能够帮助男孩解决性需求，对身体的健康并没有损害。事例中的小嘉之所以沉迷于自慰，就是因为他内心深处觉得自慰是不好的，也一直在想方设法压抑自己，由此产生禁果效应，反而让自慰的频率越来越高。相反，如果小嘉能够轻松一些，不把自慰当成一件特别严重和恶劣的事情，那么他也许就不会这么迷恋自慰。

前文说过，男孩在青春期会出现遗精现象，这是因为精满则溢。然而，性需求越来越强烈的男孩并不想单纯以这种被动的方式满足自己的欲望，他们更希望采取主动的方式，在没有稳定性伴侣的情况下，男孩只能通过自慰的方式来满足自己。一般情况下，男孩的自慰方式以手淫为主。

自慰是男孩性成熟的标志之一，因而当父母发现男孩有手淫现象时，千万不要大惊小怪，更不能指责他们，否则会给男孩造成极大的心理压力，让他们觉得自己的行为就是可耻的、下流的，导致他们精神焦虑，无法正常生活。有的时候，父母的严格禁止也会让男孩变本加厉。因此，父母一定要对性有正确的认识，与其采取压制指责的糟糕手段让男孩精神焦虑，不如放宽心态，从容应对男孩的性表现。

适度手淫有助于青春期男孩的身心发展，但是过度手淫有很多危害。过度手淫不但会伤害男孩的泌尿生殖系统，也会让男孩意志消沉。尤其是当手淫给予生殖器过强的刺激后，生殖器会受到伤害，而且男孩长时间接受这种强烈的性刺激，等到拥有正常的性生活时就会难以满足。因此，爸爸一定要及时给予男孩正确的引导，让他们保持规律的作息，培养多样的兴趣爱好，如打篮球、打羽毛球，通过运动发泄多余精力，从而分散对性的强烈需求。此外，父母还要提醒男孩保持私处的干净卫生，防止泌尿生殖系统疾病的发生。

5 —— 远离黄色小说和网站，性是一件很神圣的事情

上了高中之后，小嘉自慰的现象明显好转，因为他意识到了学习的重要性，把大部分的时间和精力都用在学习上。一天放学后，小嘉的好哥们昊轩神神秘秘地拿了一本小说给小嘉看。小嘉一看是课外书，就拒绝昊轩："现在学习这么紧张，你还有闲心思看课外书。你自己看吧，有时间我还想多做两道数学题呢。"昊轩不停地向小嘉挤眉弄眼，说："你看看吧，这书特别好看，我保证你一看就会喜欢上它。"小嘉接过小说，将它放进了书包，说："那我晚上回家看吧。"

晚上写完作业，小嘉翻开小说看了起来。然而，小嘉刚翻了几页就十分慌张地将书扔到了一旁。原来里面有很多关于男女性爱过程的描写，那些露骨的文字甚至让小嘉的身体起了反应。

第二天一到学校，小嘉就将那本书扔到了昊轩的桌子上。昊轩有些不高兴，说："扔什么啊，这可是我好不容易弄到的，不看

就还给我。”小嘉对昊轩说：“我建议你也别看了，一旦着迷就会影响学习。现在要以学业为重，不要总是胡思乱想。”昊轩不以为然：“你是不是男人啊，不就是男人那点事情，还装清纯呢！”

青春期男孩一旦陷入性的旋涡，就会导致自己非常被动。青春期男孩一定要意识到性不是游戏，不能被随意轻视。一切的性都应该建立在真爱和深爱的基础上。为了避免因为各种刺激而加重对性的渴望和幻想，理智的男孩应该远离那些黄色光碟、小说，也不要浏览黄色网站。只有自身主动保持理性，男孩才能更好地控制自己，顺利地度过青春期。

为了避免男孩从不正当的渠道了解性知识，父母应该未雨绸缪，主动给男孩普及性知识，这样就能满足男孩对性的好奇，有效避免男孩受到错误性知识的误导。父母必须意识到的是，青春期男孩对于性知识的好奇达到了前所未有的迫切程度，他们不但对异性变得更加好奇，而且很渴望与异性之间有亲密的接触。明智的父母应该抓住这个时机对青春期男孩进行监护和引导，绝不能因为难以启齿就放弃对孩子进行性教育。其实，很多青春期男孩之所以接触一些不良的黄色信息，就是因为没有正确的渠道为自己答疑解惑。如果父母做好这方面的工作，为孩子挑选好的书籍，传达正确的性知识，那么孩子就能少走弯路，及时得到恰到好处的性教育。

6 —— 女人为什么会怀孕

初三恋爱到底算不算早呢？对于这个问题，颜磊坚决不愿意承认自己是早恋，虽然他的确与喜欢的同班女孩恋爱了。一个周末，颜磊和女孩约会，在偏僻的公园角落里，他突然冲动地与女孩拥抱在一起亲吻。然而，女孩居然吓得哭起来，说："万一怀孕了怎么办呀？"说完，女孩就跑开了，寂静的公园里只剩下颜磊一个人。他也不免后怕起来：万一女孩真的怀孕了怎么办呢？

颜磊在公园里坐了一会儿，失魂落魄地回到家里。他不好意思地问爸爸："爸爸，男人和女人接吻就会怀孕吗？"爸爸看颜磊的表情很怪异，便问颜磊："难道你今天亲了一个女孩？"颜磊羞涩地点点头。爸爸这才惊讶地意识到：颜磊恋爱了！尽管很担心颜磊的学习，但是爸爸没有表现出过分紧张的样子，而是轻描淡写地对颜磊说："亲吻不会导致怀孕，放心吧！"颜磊又问："那么，怎么做会怀孕呢？"原本，爸爸也已经计划给颜磊普及性知识了，正好颜磊对此感兴趣，爸爸就顺势而为，给颜磊讲了起来。

事例中颜磊和女友的担心是多余的，拥抱接吻都不会导致怀孕。怀孕具有偶然性，只有男性的精子与女性的卵子相结合才能孕育新生命。

女性每个月都会有一次排卵的过程，如果形成受精卵，受精卵就会在子宫内驻扎下来，不断地成长，最终长成胎儿。如果没有形成受精卵，那么卵子就会排出体外，女性也会经历一个月经周期。直到下个月的排卵期，才会再次有怀孕的可能。如果女性没有月经，那么就意味着没有卵子，所以也是不能怀孕的。因而尚且没有月经初潮的女孩不会怀孕，但是一旦有了月经，女孩就成为成熟的女性，也就具备了孕育新生命的条件。

青春期的男孩与女孩都处在从孩子走向成人的过程中，他们的身体日渐成熟，对于性的渴望越来越强烈。当性行为不可避免时，与其蒙蔽孩子，不如坦然告诉孩子怀孕的形成机制，从而帮助孩子更深入地了解性知识，避免糟糕的结果发生。

7 —— 已经发生了性行为，如何有效地避孕

高一时颜磊和几个同学一起外出旅游，其中也有他从初三时就喜欢的女孩。可想而知，放松的环境、愉悦的心情，加上远离学校和家庭，颜磊和女孩因为冲动而发生了性行为。此时颜磊已经知道接吻不会导致怀孕，也知道自己做出的逾越雷池的举动意味着什么。冲动过后，颜磊陷入懊悔之中。思来想去，为了避免伤害自己心爱的女孩，颜磊决定向爸爸求助。

得知颜磊做了不该做的事情，爸爸严厉地批评了颜磊，但是也很清楚想办法补救才是明智之举。因此，爸爸让颜磊赶紧去药店买紧急避孕药给女孩吃，颜磊当即照做。看了说明书，颜磊才知道这种紧急避孕药就是用于性行为之后的，看着女孩吃下避孕药，颜磊才放下心。

颜磊赶紧发微信感谢爸爸，爸爸却严肃地告诉颜磊："这种事后紧急避孕药只能作为无奈情况下的无奈之举，绝不能作为常用的

避孕手段。因为这种避孕药会严重扰乱女孩的内分泌系统，影响日后的受孕概率。最重要的是，你们才上高一，千万不要做出糊涂的事情。你们的人生还充满了未知，现在以为是真爱，以后很有可能会后悔。总而言之，这样的事情高中期间决不允许再发生，记住了吗？”颜磊赶紧向爸爸保证一定会管好自己，绝不再做出这样冲动的事情……

很多青春期男孩和女孩在发生冲动的性行为过后都会感到懊悔，不知道会面对什么样的后果。很多父母得知自己的孩子过早发生性行为时也会非常气愤，责怪他们不懂事。但是，懊悔与气愤并不能解决问题，在更严重的后果出现之前父母和孩子都应该主动寻求解决办法，积极地处理已经出现的问题。事例中的颜磊与女朋友听从颜磊爸爸的建议，事后服用了紧急避孕药，避免了更严重的后果。但是正如颜磊爸爸所说，避孕药有很多副作用，而且成功避孕的概率也并非百分之百，只能在万不得已的情况下使用，不能作为常用的避孕方法。

与服用避孕药相比，选择戴避孕套来防止怀孕更加健康安全。首先，避孕套能够有效预防艾滋病等性疾病。正确使用避孕套的方式是在性行为开始之前就戴好避孕套，等到性行为完全结束后再取下。其次，避孕套的避孕效果取决于物理性的隔离，因而不会对身体产生有害的影响，而且有利于保持性行为的卫生。

总而言之，在性行为发生之后仓促地采取一定的方式进行避孕绝不是明智的选择。本着对自己和心爱女孩负责的态度，青春期男孩要绝对避免这种不负责任行为的发生。

8 女朋友怀孕了，你该怎么办

高二下学期，眼看着期中考试在即，女朋友却怀孕了。除了女孩之外，张华是唯一知道这个消息的。张华不知道如何解决这个问题，女孩更是打死也不敢向自己的父母求助。原本张华准备带着女孩去医院堕胎，但是女孩很害怕。思来想去，张华只好向爸爸求助。

爸爸得知这个消息后狠狠地给了张华两巴掌，张华自知理亏只能忍着，恳求爸爸帮他出主意。爸爸问张华：“你们准备把孩子生下来吗？”张华惊讶地瞪大眼睛：“怎么可能？我们都是学生，还要考大学呢！”爸爸气得咬牙切齿：“既然如此，你为什么还要做这样的事？你知道流产手术的风险有多大吗？很有可能导致女孩不能生育，你怎么对女孩的父母交代？而且我告诉你，你我都承担不了这个责任，这个手术必须通知女孩的父母。到时候，人家父母知道真相，要打你骂你我都不会管！”张华一听还要通知女孩的父母，立马就腿软了。在爸爸的坚持下，张华跟着爸爸去女孩家里负荆请罪，最终由女孩父母带着女孩做了流产手术，女孩连期中考试都没能参加。尽管张华信誓旦旦将来要娶女孩，但是双方父母还是决定尽量减少他们在一起的时间。

面对女朋友怀孕的现实，尽管张华还没有能力承担起所有的责任，但是他所做出的决定是正确的。那就是没有盲目带着女朋友去堕胎，而是把这件事情告诉了爸爸，又在爸爸的坚持下通知了女孩的父母。正如爸爸所说，堕胎会对女孩的身心健康造成不良影响，严重的还会导致以后不能生育，这将会是女孩一辈子的伤痛。所以女孩的父母一定要在合适的时间尽早教给女孩如何避孕和保护自己的知识，而男孩的父母也要告诉男孩如何才能保护自己心爱的女孩不受伤害。每一个孩子都是父母掌心里的宝贝，呵护青春期孩子健康成长是父母义不容辞的责任。

不可否认，对青春期孩子而言，各种糟糕的事情和人生中很多仓促的第一次都会突然来临。在这种情况下，除了教会孩子怎么做，对父母而言，赢得孩子的信赖也是很重要的。因为唯有孩子信赖父母，才会在很多事情恶化之前向父母求助；也唯有信赖父母，孩子才能认真考虑父母给出的建议，采纳父母的意见。如果亲子之间的关系水火不容，父母就无法指导和陪伴孩子成长，孩子也无法从父母那里得到切实有效的帮助。对青春期男孩而言，当发现女朋友怀孕后一定要第一时间告诉父母，听取父母的建议，这样才能解决问题，保护心爱的女孩。同样的道理，青春期女孩发现自己怀孕时哪怕再害怕，也一定要及时告诉父母，向父母寻求帮助，这样才能保护好自己。

第四章 做个人见人爱的清爽男孩

追求美丽是女人的天性，却不是女人的专利。青春期男孩也希望自己能够变得更帅气一些，这样才能吸引更多女孩的关注。然而，进入青春期之后男孩会面临很多烦恼，他们不但会长青春痘，还总是爱出汗爱出油，自己都觉得腻歪。那么，作为青春期男孩，如何让自己变得清爽干净、人见人爱呢？

1 护肤不是女人的专利，男人也同样需要

才上初一，米乐的脸上就冒出了很多红肿的痘痘。他是典型的油性肤质，出油多，出油快，不到一小时就得用吸油面纸擦擦脸。看着镜子里泛着油光的脸，米乐很发愁。

有一次，米乐脸上的一个痘痘发炎了，妈妈带着他去医院问诊。当被医生问起如何护肤时，米乐很惊讶："男生也要护肤吗？"医生笑着说："难道男生的脸不是真皮的吗？既然是真皮的，就需要养护啊，你应该知道，你家的真皮沙发还需要定期养护呢，对不对？"医生风趣幽默的话把米乐逗笑了。笑完之后仔细想想，米乐觉得还真是这个道理：既然皮沙发都需要养护，为什么男生的脸不需要养护呢？他问医生："难道男生也要像女生一样，每天在脸上涂涂抹抹吗？"医生摇摇头："当然不用，女生除了养护皮肤，还要化妆打扮，而男生只需要做好基础护理就够了。例如你是典型的油性皮肤，爱出油，这不但与肤质有关系，还与青春期皮

脂分泌旺盛有密切关系。但是，只要做到以下几个方面，就能有效缓解出油，也能让大油脸大大改观……”听完医生的话，米乐非常感激，表示自己一定会按照医生的建议去做。

的确如医生所说，大多数油性皮肤的人都是因为皮肤出油太多，导致整张脸油花花的，给人深重的油腻感，有时自己看着都烦。实际上，任何肤质的人都会遇到皮肤出油的问题，只不过油性肤质的人状况更加严重。加剧皮肤出油的原因有很多。首先，当外部温度过高时，毛孔会向外排汗，油脂也会随之分泌出来。其次，青春期男孩体内激素水平上升，会导致油脂分泌旺盛，使皮肤看起来非常油腻。再次，很多敏感肤质的人会发现情绪的变化也会影响皮肤的状态，情绪波动时皮肤会变得更油腻。最后，皮肤中所含水油不平衡，也会导致皮肤出油，因而要想解决皮肤油腻的问题，青春期男孩还要多用心。

青春期男孩的身心处于快速发展之中，皮肤也非常娇嫩，很容易受到各种因素的影响。要想保持皮肤清爽，青春期男孩就要进行基本的皮肤护理，选择合适的护肤品，例如为自己准备深度清洁洁面乳，然后再使用深度补水的爽肤水，及时补充水分，改善皮肤状态。为了控制油腻，还可以在饮食方面多多注意，不吃或少吃辛辣油腻的食物，多吃新鲜的水果和蔬菜，摄取足量的维生素来帮助皮肤减少油脂分泌，让皮肤变得光滑细嫩。另外，青春期男孩还需要保持良好的心情、充足的睡眠，从而改善肌肤状态。

人皆有爱美之心，男孩也是如此，尤其是在青春期雄性激素大量分泌的阶段，男孩的皮肤问题其实比女孩更严重。青春期男孩千万不要把保养皮肤当作女孩的专利，一定要了解必要的护肤知识，精心地管理皮肤，让自己时刻都保持良好的状态。

2 为什么会有“狐臭”，该怎么解决

升入初中后，一到炎热的夏天米乐总觉得自己的腋窝散发出难闻的气味。天气特别热的时候，哪怕米乐天天洗澡也难以完全去除难闻的气味。因为这种气味，同桌甚至找到老师要求调换座位，这使米乐的自尊心受到了严重伤害。米乐想：我是不是有狐臭啊？

当天放学回到家里，米乐问妈妈：“妈妈，您和爸爸中是不是有谁有狐臭啊？”妈妈很惊讶地看着米乐：“没有啊，难道我们身上有难闻的气味吗？”米乐苦笑着说：“不是你们身上有难闻的气味，而是我的味道很难闻，不信您闻闻。”说完，米乐还往妈妈身边凑了凑。妈妈闻了闻，果然皱起眉头，说：“虽然没有狐臭，但是真的很臭，今天上体育课了吧？”米乐反问：“您怎么知道今天有体育课？”妈妈笑了，说：“通过你身上的味道我就知道你今天上体育课了呀，因为你实在太臭了。”米乐伤心地问妈妈：“我真的很臭吗？臭到都被同桌抛弃了。”妈妈抚摸着米乐的头：“你是

有点臭，不过妈妈不会抛弃你的。因为妈妈知道你的臭只是暂时的，等你过了青春期，汗腺分泌不像现在发达，味道就会小很多。不过在此期间，你必须保证个人的清洁卫生，每天都要把自己打理得干干净净的，这样才不会招人讨厌！”米乐问：“过了这段时间真的能好转吗？”妈妈重重地点点头，米乐这才转忧为喜。

青春期男孩经常被人嫌弃臭，是因为他们的汗腺发达，分泌出大量的汗液，身上会有难闻的馊味。在天气炎热的情况下，馊味不断发酵会变得更难闻，类似于狐臭。不仅是男孩，女孩也会有体味，这都是汗液分泌惹的祸。与女孩相比，男孩的体味往往更重，因为男孩更喜欢运动，汗液分泌也更多。对这个阶段的男孩而言，想要彻底消除浓重的体味是不可能的，男孩能做的就是保持个人卫生，坚持每天洗澡，尤其要着重清洗腋窝、私处等通风不好、容易滋生细菌的部位。其实只要保证卫生，体味就不会那么刺鼻了。

从生理的角度而言，出汗其实对身体健康有很大的好处。人体之所以会出汗是因为新陈代谢，出汗的过程相当于排毒的过程。当汗液不断地从身体里流出来，身体中的大量杂质被带走，会让身体变得轻盈。之所以天热的时候人更爱出汗，是因为出汗能够调节体温，保证身体各项机能的正常运转。现在市面上流行的很多止汗产品，实际上是封闭了身体的毛孔，导致汗液闭塞在体内，青春期男孩尽量不要购买使用，以免对身体造成伤害。

因为体味太重，很多敏感的青春期男孩变得很自卑，甚至不敢靠近其他人。实际上，体味虽然难闻却无毒无害，只是正常的生理分泌物，男孩无须自卑，也不要因此封闭自我。只要搞好个人卫生，体味就会大大减轻，轻微的体味是可以让人接受的。青春期男孩身边的人也应该理解男孩正处于人生中的特定阶段，要多多体谅和宽容男孩。

3 —— 奇装异服并不能帮你吸引心仪的女孩

小学阶段，米乐的衣服都是爸爸妈妈为他购买的，他从不挑剔，妈妈为他准备什么衣服他就穿什么衣服。然而，自从上了初一，米乐对妈妈选购的衣服突然就看不上眼了，而且有时候哪怕妈妈已经把他需要的衣服鞋袜买回家了，他也会嘟嘟囔囔不愿意穿。米乐这是怎么了？妈妈很纳闷。在米乐好几次拒绝穿妈妈买的衣服之后，妈妈索性把选购衣服的权利交给米乐，自己只负责给米乐一定限额的经费。

第一次独自出门去选购衣服，米乐买回来的衣服让妈妈大吃一惊，因为米乐买的衣服实在太夸张了，看起来就像是舞台上使用的演出服。妈妈按捺住心中的不满，尽量以平稳的语气问米乐："你为什么买这种款式和颜色的服装啊？"米乐眉飞色舞地说："你不知道，我们班一个男生昨天穿了类似的衣服，回头率简直百分百，几乎全校的女生都朝他看，简直酷毙了。我今天跑了好几个地方才买了这个衣服，我的衣服比那个男生的衣服更酷，想想明天要穿着这身衣服去学校，今天晚上我都要激动得睡不着觉了！”妈妈又问：“全校的女孩都朝那个男生看，那么你知道女生们会说什么吗？”米乐被问住了，懵懂地看着妈妈。妈妈以舒缓的语气说：“女生之中，一定有人欣赏他这样大胆的穿着，也一定会有人觉得他很怪异。其实单纯地以奇装异服来吸引女生的眼球是不长远的，也许一段时间内会招来女生的关注，但是女生怎么评价你们就不知道了。妈妈认为想要得到女生的关注，才能与人品是最重要的，那些花哨的东西反而会让女生觉得你吊儿郎当。当然，如果你发自内心喜欢这种风格的衣服，妈妈还是会尊重你的。”妈妈的话让米乐陷入了沉思。第二天，米乐并没有穿精心选购的衣服去学校，也许他还没有想清楚自己到底是真的喜欢奇装异服，还是只想以奇装异服吸引眼球吧！

在成长的过程中，男孩对异性的心态实际会经历三个阶段的变化：第一阶段是两小无猜时期。小学高年级以前，男孩与女孩之间似乎没有性别差异，非常自然地在一起玩耍。随着年纪不断增长，到了小学高年级就会进入第二阶段，男孩意识到男女有别，因而主动与异性保持距离，不再亲密无间。等到了青春期，也就是第三阶段，男孩从疏远异性到对异性产生兴趣，甚至心底里还渴望与异性亲密接触。经历了这样三个阶段之后，大多数男孩对异性都会产生不同程度的好感，也渴望能与心仪的异性建立良好的关系。

基于这样的心理，青春期男孩会想方设法地吸引女孩的注意。他们的方式千奇百怪，每个人都使出了浑身的解数，其中最常用的方法就是染发、穿奇装异服，通过这样的方式来追求更高的回头率。实际上，这正是青春期男孩心理稚嫩的表现。

从心理发育的角度而言，大多数女孩的心理发育都比男孩早一两年，因而看到男孩故意穿奇装异服女孩往往会觉得很幼稚，无法对男孩形成好印象。在青春期，父母应该引导男孩更加注重内在，引导男孩尽量从内在方面提升和完善自己。所谓爱美之心人皆有之，每个人在人生的不同阶段审美能力和水平是完全不同的。当男孩喜欢那些花里胡哨的服装和怪异的发型时，父母也没有必要觉得紧张，更不要急于否定男孩。父母要做的就是耐心地引导男孩，然后等待男孩不断提升自身的审美趣味，渐渐变得成熟而有魅力。

4 —— 染发、文身不适宜，亲切自然最帅气

在被妈妈教导不要以奇装异服博取眼球之后，米乐对于审美虽然有了更深刻的认知，但是还没有摆脱想要靠外形吸引女生眼球的想法。周末，妈妈给了米乐一些钱，让他自己去理发。过了一会儿，当米乐推开门的时候，妈妈简直不敢相信自己的眼睛。原来，米乐原本中规中矩的发型不见了，取而代之的是一头彩色的卷发。妈妈忍不住惊呼："米乐，你是按照理发店工作人员的标准做的发型和颜色吗？"米乐得意扬扬地问妈妈："怎么样，很酷吧？妈妈，你应该为自己有这么一个帅气的儿子感到自豪。我走在路上，每个人都回头向我行注目礼呢！"妈妈又好气又好笑，说："那是因为大家都想知道是谁那么幼稚把颜料都涂到了自己的头发上。"听到妈妈挖苦的话，米乐不作声了。

晚上，妈妈催着米乐洗澡，米乐磨磨蹭蹭不愿意去。等到妈妈盯着米乐脱掉上衣，这才发现米乐的右胳膊上有一个狮子造型的

文身。妈妈以为米乐的文身是真的，紧张得血压都升高了。确定米乐的文身只是贴上去的，妈妈才放下心来，当即喝令米乐洗掉文身。米乐当然不愿意：“为什么啊，这可是我花了五十块钱才让人家给我贴上的，能贴一个月呢！”妈妈气急地说：“学校里的老师能让你这么乱来吗？你看看你的头发，再看看你的文身，你还是中学生吗？看起来简直就是社会上的小混混。”在妈妈苦口婆心地劝说下，米乐终于洗掉文身，并且与妈妈约定，如果老师反对他的发型，他就要马上去染回黑色，并且重新理回中规中矩的发型。果不其然，第二天中午，米乐就被老师特批去理发了。

很多青春期男孩都喜欢耍酷，或是理一个怪异的发型，把头发染成夸张的颜色，或是追求时尚去文身。殊不知，发型不对可以理回来，颜色不好可以染回去，但是文身必须通过激光清洗或者手术的方式才能去除，有些较重的文身有可能永远去不掉。而在生活中，无论是找工作还是找女朋友，身上有文身的人多少会受限制，很多行业都明确表明不接受有文身的人士，很多女孩也会觉得有文身的人不正经。

除了上述这些遭到排斥和抵触的现实之外，文身还有感染的风险。很多文身的地方狭小逼仄，卫生条件堪忧，甚至文身工具都没有经过消毒处理。很多人文身之后都会感染，轻则导致文身部位红肿发炎，重则还会感染各种传染病。

古人云，身体发肤，受之父母。文身对身体有很大的伤害，青春期男孩千万不要因为一时冲动去文身。文身不是时尚，更不是个性的彰显，也称不上是一种文化。真正有个性的人，他的与众不同是由内而外散发出来的，不是凭借文身去彰显的。因此，父母一定要给青春期男孩打好预防针，避免他们因为一时脑门发热而做出让自己后悔的事情。

5 保持个人卫生，做一个人见人爱的清爽男孩

在班里，米乐不是最高的，也不是最帅的，却是最受女生欢迎的。为什么呢？自从上次的体味事件之后，米乐彻底改变了个人卫生习惯，每天都坚持洗头洗澡，夏天的时候如果遇到体育课，还会准备一件干净的T恤带在书包里，这样随时都能换下汗水湿透的T恤。如此坚持下来，米乐成了全班最清爽的男孩，很多女生都喜欢与米乐同桌，也愿意与米乐做朋友，因为米乐与那些油腻腻的青春期男孩简直太不同了。

随着个人卫生习惯的养成，米乐还喜欢上了收拾东西。他的课桌比很多女孩的课桌都要干净整洁，有时候他还会顺手帮助同桌整理桌子呢。为此，很多女孩都抢着要和米乐同桌。

提起青春期男孩，很多人的脑海中马上会出现穿着松松垮垮的校服、邋里邋遢、满脸油腻的男孩形象，甚至他们的头上还会有很

多头皮屑，衣服看起来也不够干净。为什么青春期男孩会给人留下这样的印象呢？归根结底，是因为青春期男孩不注重个人卫生，所以就成了不折不扣的油腻男孩。

无论是哪个年龄段的人，也不管是男孩还是女孩，要想让自己变得干净清爽，就一定要讲究个人卫生。也许有些男孩会说自己每天都洗脸刷牙，很注重个人卫生。但其实他们只是敷衍了事，用冷水洗一把脸，再用牙刷胡乱刷两下牙齿，根本没有用心做个人卫生。要想让个人卫生达标，就要从头到脚都保持清洁。例如每天都要洗头，这样才能保持头发清爽，没有难闻的头油味道；其次是面部卫生，保持鼻腔清洁和口腔清洁；再次是洗澡，如果皮肤油腻脏污，整个人的气味都会变得很难闻，因此一定要定期洗澡；最后，还要保持服装的清洁干爽，内衣和袜子每天都要更换清洗，外套可以每隔几天清洗一次。需要注意的是，清洗的频率应该根据季节和温度决定，在炎热的夏季，每天都要换洗衣服，如果是冬天，外套可以穿几天再洗。

很多青春期男孩都比较懒惰，他们不愿意把个人卫生当成重要的事情去做，还有的男孩甚至好几天不洗脚，可想而知，他们有多么“臭”吧。其实，保持个人卫生是一种良好的习惯，这种习惯一旦养成，男孩就能终身受益。一个人无法改变自己的先天容貌，却能够改变自己的卫生习惯，青春期男孩到底是干净清爽还是油腻肮脏，完全是由自己说了算的。

6 拒绝烟酒和毒品，男人味不是体现在这里

小嘉早就知道班里有很多男生偷偷抽烟，因为他已经不止一次从男同学身上闻到烟味，甚至有一次，他还发现几个女同学身上也有浓重的烟味。有一天，昊轩神秘兮兮地把小嘉喊到操场，对他说："今天我可是受班里男同学的委托，要彻底消灭你这个顽固分子。我们都很奇怪，为什么你从来不问我们抽烟的事情，也不主动找我们要烟抽？"

看到昊轩这个样子，小嘉不由得笑起来："我早就知道你们抽烟啊，这有什么稀奇的，但是我真的不想抽啊，因为我爸爸就不抽烟，所以从小我就在无烟环境中长大。"昊轩听说小嘉爸爸不抽烟，很惊讶地说："天啊，你爸爸真的不抽烟吗？我觉得我认识的所有中年男人都抽烟。那么，你爸爸……会不会……不像个男人呢？"小嘉拍了一下昊轩的肩膀："你想什么呢？不抽烟就没有男人味吗？我爸爸可是很 man 的，在单位里有很多人都怕他呢，因为

他实在是太有威严了。”听到小嘉这么说，昊轩不由得心中打鼓，说：“如果我说抽烟更有男人味，你会抽吗？”小嘉坚定不移地摇摇头：“当然不，我可没那么傻！抽烟有害健康，我要成为像爸爸一样既健康又威严的真男人！”昊轩点点头，不再试图劝说小嘉抽烟了。

很多青春期男孩都喜欢耍酷，他们眼中最简单的耍酷方式就是抽烟喝酒。尤其是抽烟，抽烟不像酒精那样麻痹神经，烟盒又方便携带，所以更受青春期男孩的欢迎。为什么男孩会觉得抽烟很酷呢？这是因为大多数男生都觉得抽烟是成熟男性的行为表现，因而他们也希望以这种方式彰显自己的成熟。

从本质上而言，不管抽烟给人的感觉是怎样的，抽烟都是一种绝对的不良嗜好。抽烟不但会危害抽烟者的身体健康，还会使抽烟者身边的人被动地抽二手烟，研究证明抽二手烟比抽一手烟的危害更大。可想而知，如果在一个家庭里爸爸抽烟，那么妈妈和孩子就是最大的受害者。如今，很多城市都已经出台公共场合禁烟的规定，从这个角度来看，除了那些特别迷恋男性抽烟的人之外，大多数人对于抽烟都持反对的态度。当青春期男孩出现抽烟行为时，爸爸一定要给男孩灌输正确的思想，即抽烟不是男人味的体现，反而是害人害己的恶习。

很多青春期男孩抽烟一开始完全是出于好奇，然后在不知不觉间养成抽烟的坏习惯。所谓抽烟容易戒烟难，最可怕的是长期抽烟对肺部有严重损害，因而青春期男孩一定要远离香烟。除香烟之外，酒精也会伤害人的身体，长期酗酒的人肝脏都不好。如果沉迷饮酒形成酒精依赖，还会导致神经紊乱，影响身体健康，给家人也带来痛苦。

青春期男孩的人生才刚刚开始，除了烟酒之外，毒品是绝对不能沾的。很多吸毒的人最初沾染上毒品都是因为好奇，只是想尝一尝毒品的味道，却没想到一旦沾上，想要戒除就很难了。总而言之，不管是烟酒还是毒品，对于身体健康都有很大的坏处，与其为了一时的痛快沾染这些不良物品，不如增强自律，远离它们，拥抱美好人生。

7 热爱运动，让你更帅、更阳光

米乐什么都好，就是长得有些胖，因而在体育运动方面总是落后于人。小学升初中时，米乐的体育成绩差点没及格。升入初中之后，胃口大增的米乐因为缺乏运动，还保持着胖胖的身材。但是一段时间之后，米乐看到其他男生瘦瘦高高很有型的样子不由得心动起来：我也不算矮啊，不能因为胖就减弱我的帅气值吧。几经权衡，米乐决定放弃口腹之欲，坚持健康饮食和运动，让自己真正成为帅小伙。

减肥的人都知道，节食初期是很难熬的，因为胃部很大却只能吃很少的东西，那点儿可怜的食物在空空荡荡的胃部自由散步，饥饿的感觉让人难以忍受。这么艰难的过程米乐都忍受下来了。后来，米乐更是坚持运动，先从锻炼肺活量开始，接着是快步走、慢跑、打乒乓球等。其中，慢跑是米乐每天都坚持的。渐渐地，米乐身上的赘肉减少，肌肉越来越多，他从一个典型的宅男变成了热爱运动的阳光大男孩，精神状态也从曾经像一直在冬眠一样变得如同春天到来、冬眠苏醒一样充满活力。

如今，生活水平的提高、物质的极大丰富使得很多青春期男孩都成了小胖子。原本正处于身体持续发育状态的他们应该是又瘦又高，却因为营养过剩，使他们一边长高一边长胖。其实青春期男孩过于肥胖，不但对身体健康不利，而且还会影响身高。研究发现，如果男孩在成长期间自重太重就会影响骨骼发育。因而，在青春期，父母在保证提供给男孩充分的营养之外，也要注意膳食均衡。例如有的男孩不喜欢吃青菜和水果，父母就给他们吃很多肉，其实这是非常不健康的。父母在为孩子调配饮食时不应该只根据孩子的喜好来，而应该符合孩子的营养需求和身体发育的需要。

如今大多数人都能意识到肥胖的坏处，在这种情况下，男孩当然要多加运动。很多人以为运动会使人感到疲惫，却不知道唯有坚持运动才能恢复身体的活力，否则身体就会像沉睡的狮子，不知道何时才能真正觉醒。

青春期男孩坚持运动会唤醒生命的活力，使整个人的状态变得非常好。有人说，运动是生命的基本形式，这句话很有道理。从生物学的角度来看，只有人体内的每个细胞都坚持运动，身体才能保持良好的状态。与其被动等待生命能量的渐渐衰退，不如以运动保持活力，去创造更多的奇迹。因而青春期男孩在人生最美好的青春年华里更应该坚持运动，让自己变得阳光帅气。而且，青春期男孩最喜欢吸引异性的关注，那么一定会发现很多女孩都喜欢爱运动的男孩，那些在运动场上挥洒汗水的身影，往往会赢得女孩的爱慕。既然如此，我们还等什么呢？青春期的男孩们，赶快动起来吧！

8 —— 良好的生活习惯能让你长得更高

初二无疑是整个初中最劳累的一年，因为初二正处于转折点，初三的成绩如何甚至中考时能否如愿以偿考取好的高中都取决于初二这一年努力。因而自从升了初二之后米乐就觉得很疲惫。他不是那种特别聪明的男孩，而是以勤补拙的努力型男孩。为了不掉链子，保持进步的态势，整个初二米乐都加倍努力，每天早起晚睡，不但保质保量完成学校里的学习任务，还主动要求爸爸妈妈为他报了几个课外补习班，挤出时间去上课。如此一来，虽然米乐的成绩呈现出稳步上升的趋势，但是他每天都像大熊猫一样顶着黑眼圈，甚至上课的时候也不停地打哈欠。

熬了不到一个学期米乐就觉得力不从心了。有一天上课，向来品学兼优的他居然一不小心睡着了，这让老师非常惊讶：米乐这么优秀，是不折不扣的好学生，为什么会在课堂上睡着呢？与此同时，米乐的身高也一直没有什么变化，其他同学在短短几个月里就如同拔竹节一样长高了好多，而米乐却始终如初一那么高。看到米乐的身高没有什么变化，妈妈很心急，就带着米乐去看医生。看到米乐的黑眼圈和哈欠连天的模样，医生在经过检查确定米乐的身体完全健康之后，问米乐："你是不是每天都睡得很晚？"米乐点点头。医生说："人体在睡眠的状态下最容易长高，而且，你睡得太晚，白天上课必然会很困，影响你的课堂效率，岂不是得不偿失？"说完，医生又对妈妈说："现在很多家长都揠苗助长，恨不得透支孩子所有的精力和体力。其实学校的课程已经很重了，没有必要再给孩子那么重的负担。孩子在完成学校学习任务还有余力时可以适当进行补课，但是如果完成学校任务后已经筋疲力尽，那就不要涸泽而渔。否则，不但孩子的学习成绩不能提高，身体发育也会落下。"妈妈觉得医生的话很有道理，连连点头。

事例中医生说的话很有道理，现在的确有很多父母在涸泽而渔，虽然给孩子提供了最好的物质条件，但在孩子最需要均衡饮食和充足休息的阶段没有照顾到孩子的睡眠需求，导致孩子疲惫不堪。当然，米乐并非被爸爸妈妈逼着学，而是天生懂事，主动要求学习。即便如此，父母也要把握好孩子的学习节奏，不要让孩子过度劳累。而且，青春期男孩也完全可以自主地调节生活和学习节奏，保证学习效率，保证身体的健康成长。

从学习效率的角度而言，男孩还要注意，如果前一天晚上睡得太晚或者第二天早晨起得太早，就会影响一整天的学习状态，过度困倦甚至还会导致在课堂上睡着。众所周知，学生在学校接受系统的教育，老师课堂上的授课内容是至关重要的。要想提升学习成绩，保证学习效率，就一定不要错过课堂上的学习内容。只有保证充足的睡眠，才能让第二天神清气爽、精神抖擞地听课。总而言之，现在整个社会都很浮躁，不管孩子还是成人都承受着巨大的压力。青春期男孩一定要规划好生活和学习，不要总是被压力逼着往前跑。只有把被动转化为主动，只有把低效率转化为高效率，青春期男孩才能如愿以偿地收获充实的人生。

第五章 男孩先要学会保护自己，才能保护别人

通常情况下，父母对青春期男孩的担心比青春期女孩要少得多，这是因为大多数父母都觉得男孩力气大，在社会中属于强势群体，面临的危险少。其实这种观点是错误的，青春期男孩生理和心理发育并不成熟，同样很容易受到外界的诱惑与伤害。因此，父母一定要教会他们保护自己。

1 —— 男孩也要避免性侵犯

一个周末，陈翔写完作业后打开电视，想看看电视节目放松一下。刚刚打开电视，陈翔就看到新闻正在报道青春期女孩遭遇性侵犯的事情，陈翔当然知道女孩遭遇性侵犯的严重后果，不免在心中抱怨那些父母不负责任，自己出去打工，把女孩一个人留在家里，对女孩的成长漠不关心。节目最后，主持人蜻蜓点水般地说到青春期男孩也要保护好自己，避免性侵犯。陈翔觉得很奇怪，男孩怎么可能遭遇性侵犯呢？他当即去书房里问爸爸，爸爸一脸茫然地说："男孩也会有这样的危险吗？"

于是，在爸爸的陪伴下陈翔上网查了查相关的资料。真是不查不知道，一查吓一跳，陈翔和爸爸这才知道原来男孩也会遭遇性侵犯，也会受到伤害。

很多父母都和陈翔爸爸一样，以为只有女孩会遭遇性侵犯，丝毫没有意识到男孩也会遭遇性侵犯。甚至当有人提起男孩遭遇性侵犯的话题时，他们都会认为对方危言耸听。然而，很多事情并不会因为人们不知道就不发生，相反，在人们不知情的情况下，事情的性质往往更加恶劣和严重。

何为性侵犯呢？从广义的角度而言，所谓性侵犯，就是指完全不尊重他人的意愿，强迫他人进行与性相关的行为，诸如性骚扰、诱奸、强奸、偷窥、暴露自己的隐私部位给他人等都属于性侵犯。从狭义的角度而言，性侵犯主要指猥亵和强奸。在传统观念中，人们认为性侵犯的受害者只有女性，这是因为在人们的意识中女性是柔弱的、没有能力保护自己的群体。而随着社会的发展，很多男性也会遭遇猥亵。毋庸置疑，性侵犯不管发生在女性还是男性身上，都会给他们造成严重的身心创伤。

尤其是青春期男孩原本就处于身心快速发展的阶段，他们的心理和感情都比较脆弱，遇到事情喜欢钻牛角尖，很容易因为这种遭遇受到重创甚至造成心理疾病。男孩遭遇性侵犯会有以下两种反应：或者因为胆小怯懦而感到畏缩和恐惧，不敢再接触其他人，导致生活和学习都无法正常继续；或者是因为愤怒与冲动，做出过激的行为，导致事态不断升级和恶化。最可怕的是，在遭遇性侵犯之后，男孩心灵的创伤是很严重的，有些男孩会因此厌恶自己的身体，不愿意面对自己。心理学研究表明，那些曾经遭遇过性侵犯的男孩都会出现无法集中注意力、依赖药物、喜欢攻击等现象，并且还会有自杀倾向。即便是成年之后，他们也无法从青春期的阴影中走出来，无法与异性建立良好的恋爱关系，更无法与同性建立友谊。而且，有些青春期男孩多次甚至长期遭遇性侵犯，这无疑会毁掉他们的一生。因而青春期男孩的父母一定要密切关注青春期男孩的成长，要保护好青春期男孩，从而避免他们受到伤害。

当然，青春期男孩独立行动的能力越来越强，父母不可能时刻都守护在他们身边，因此，父母一定要教会男孩形成自我保护意识，提高自我保护能力，要告诉男孩：不要与异性单独相处，更不要与异性一起过夜；不要接受陌生异性的邀请，哪怕是同性也要保持安全距离；不要与异性去色情场所等。

然而，很多事情都是防不胜防。如果不幸被性侵犯，不管实施侵犯的人是谁，男孩都要第一时间把这件事情告诉给正确的人，向他们求助。那么谁是正确的人呢？那就是父母。有的男孩因为担心被父母责备或者对父母缺乏信任，因而会选择向同龄人求助，殊不知同龄人的生活经验有限，无法做出理智思考，提供有效的帮助。因而爸爸一定要告诉男孩，遇到危急情况要第一时间求助于父母或值得信赖的老师、学校领导等，千万不要因为遭遇恐吓就害怕，或者担心被批评就隐瞒。其次，爸爸还要告诉男孩要不畏权势。当实施性侵犯的人很有势力时，有些胆小的男孩会选择忍气吞声，实际上这只会助长实施者的嚣张气焰，而无法让他们得到应有的惩罚。

恶性事件一旦发生，男孩还要学会使用法律武器维护自身的合法权益，保留证据，例如先不要洗澡，及时进行伤情鉴定，保留对方遗留在现场的物品等，必要的时候还要拍下现场的情况。上述手段都是为了惩治施暴者，对男孩而言，保护好自己才是最重要的；对父母而言，保护好青春期男孩才是重中之重。在恶性事件发生前，父母要教导男孩保护好自己，事件发生后父母也要第一时间带着男孩去医院就医，处理好伤口，预防性病，并且要带男孩看心理医生，及时对男孩进行心理疏导，尽量减轻性侵犯事件带给男孩的身心伤害。

总而言之，性侵犯不仅仅针对青春期女孩，青春期男孩也有很大可能遭遇性侵犯。每个孩子的成长都需要父母付出极大的心力，作为爸爸，要懂得利用同性的优势对男孩展开性教育，并且引导男孩形成自我保护意识，有效防范性侵犯。

2 什么是性骚扰，遇到了该怎么办

陈翔最近很苦恼。学校里一个高年级的女生向陈翔表白了，虽然陈翔明确地拒绝了她，但她不为所动，总是时不时地出现在陈翔的教室门口，送他早餐与情书。陈翔不接受，班里几个好事的男生就会帮陈翔拿过来，一起起哄看他的窘态。更让陈翔气愤的是，那个女生还在同学当中散播谣言，说她是陈翔的女朋友。陈翔忍无可忍，决定约女生当面谈谈。

放学后，陈翔与女生约在操场，陈翔说："学姐，我现在还小，只想好好学习，没有谈恋爱的心思，你能不能不要再送我东西了，我不喜欢你。"女生听完后，一把搂住陈翔的胳膊，撒娇说："你这样拒绝我，我会很伤心的。但是，我不会放弃，总有一天你会喜欢我的。"说完，还迅速地在陈翔脸上亲了一下。陈翔对这样的身体接触很反感，当即抽出胳膊，与女生保持安全距离。可是女生不依不饶，又凑上来抱住了他的胳膊。无奈之下，陈翔只好一路

跑回家，两人的谈话也没结果。

比起性侵犯，性骚扰的情节比较轻微，因而在生活中发生的频率更高。通常情况下，人们都认为性骚扰只局限于男性对女性的骚扰，实际上男性也会遭遇性骚扰，而且性骚扰不仅来自于异性，还可能来自于同性。那么对青春期男孩来说，到底什么是性骚扰，又如何防止性骚扰呢？

很多青春期男孩都逐渐发育成熟，高大英俊帅气的他们自然会招惹异性的喜爱，同时也有可能吸引同性的目光。众所周知，人与人的身体之间是需要安全距离的。就上述事例来说，高年级女生喜欢陈翔，因而采取主动的态度，对陈翔展开积极的追求。她喜欢陈翔，所以总是想亲近他，甚至主动地拥抱亲吻他。如果两个人互相喜欢，那么这样的亲昵举动无可指责，但因为陈翔并不喜欢这个女生，所以会很排斥和抗拒她的亲近。那么，在这种情况下，女生如果出现不当的言行让陈翔感到不舒服，那么女生的行为就构成了性骚扰。

当然，性骚扰未必只发生在彼此追求的过程中，陌生人或者其他熟悉的人也有可能会做出性骚扰的举动。对于性骚扰，青春期男孩其实已经具备一定的自我保护能力，只需要加强自我保护意识，就能很好地保护自己。例如当施暴者在体力上并不能战胜自己时，男孩可以表示坚决拒绝；当施暴者在体力上超过自己时，男孩一定要自保，机智应对，而不要以硬碰硬。当然，在日常生活中，男孩应该尽量避免给别人以可乘之机，例如不与异性或者陌生的男性单独相处，在公交车、地铁等人多的场合，尽量站在固定物品的旁边，而不要挤在人群里。

对青春期男孩而言，要想预防性骚扰，最重要的是形成自我保护意识，准确界定性骚扰。实际上，一切关于性的让男孩感到不舒服的言谈举止都可以划入性骚扰的范围。父母不要觉得男孩不存在性骚扰或者性侵犯的危险，因而疏忽对男孩的保护。总而言之，外界的危险是防不胜防的，父母唯有帮助男孩形成正确的自我保护意识，让男孩具备一定的自我保护能力，才能从根本上解决问题。

3 —— 面对陌生人的求助，先要理性分析

上初中之后，陈翔就开始独自上学了，周末他还会独自去补习班上课。这不仅减轻了妈妈的负担，还让陈翔觉得自己长大了，享受到了独立自由的感觉。

一个周末，陈翔上完课之后正朝着公交车站走去，突然有个五十多岁的阿姨走近他，和颜悦色地问："孩子，你知道金钟大厦怎么走吗？"陈翔耐心地为阿姨指路，这时，阿姨又问："孩子，我刚到这里还分不清东西南北，你能送我过去吗？"一听到这句话，陈翔马上警惕起来，因为他知道有些坏人就是这样欺骗小朋友到偏僻地点，然后把他们带走的。因此，陈翔对阿姨说："阿姨，我妈妈还在前面等我呢，您如果实在找不到，前面十字路口就有警察，您去问问警察能不能把您送去吧！"说完，陈翔就赶紧跑开了。

回到家里，陈翔把路上发生的事情讲给妈妈听，妈妈表扬了

陈翔："乖儿子，很机智，幸好你没有去送那个阿姨，坏人不分年龄和性别，脸上可没写字。万一那个阿姨是坏人，你就糟糕了。你说妈妈在车站等你，这让坏人有所忌惮，虽然是撒谎，却是个好方法，非常棒！"陈翔得到妈妈的表扬也很高兴："妈妈，放心吧，我已经能照顾好自己了！"

常言道，吃一堑长一智，然而很多当是不能上的，很多亏是不能吃的，否则就会导致严重的后果，根本无法弥补。就像对孩子的保护，一旦疏忽了就会导致严重的后果，让父母一辈子都痛心疾首，无法原谅自已。如今，坏人越来越多，行骗的手段也更加高明。父母一定要培养孩子的自我保护意识，锻炼孩子的自我保护能力，这样才能避免孩子受到欺骗和伤害。电视上曾报道过一则新闻：一个好心的女孩在送陌生孕妇回家时，被孕妇和她的丈夫残忍地杀害了。看过新闻之后，我们当然要指责这对夫妻禽兽不如，但是也要深刻地反思：是怎样的信任让女孩毫无顾虑地就走入一个陌生的封闭空间？不得不说，女孩的自我保护意识太弱了，所以才会被孕妇的大肚子所蒙蔽，对陌生人完全没有防范之心，最终失去了鲜花般的生命。

如果每个孩子都知道给陌生人指路时要保持一定的安全距离，也绝不要送陌生人去陌生的地方，那么相信这样的惨剧就不会发生。如今，太多的孩子在衣食无忧的环境中成长，因为父母的全力保护，他们从未见识过这个世界的险恶。然而，完全地信任这个世界是不足取的，父母不可能永远跟在孩子的身边。既然如此，父母除了给孩子健全的爱和细心的呵护之外，更要帮助孩子树立安全意识，教会孩子如何避免生活中的危险，让孩子具备自我保护的能力，这样孩子才能健康安全地成长。

一直以来，孩子都被灌输要乐于助人的意识，尤其是男孩，父母更希望他们能够成长为热心、有责任、有担当的人，因此经常教育他们要主动帮助需要帮助的人。殊不知如今有很多坏人就是利用孩子的善良和爱心来进行欺骗和诱导，使孩子放松警惕意识。因而在教育男孩的过程中父母也要结合现实情况，让他们学会辨别真假求助。如果有条件，可以全家人一起模拟危险的情境，帮助男孩进行模拟练习，这样一来，在类似的情况发生时男孩就能够有效地进行防范。

4 —— 结交朋友要谨慎，远离拉帮结派的陷阱

上初二的时候，陈翔因为身材矮小总是被班里的男生欺负。有段时间，陈翔甚至产生了严重的厌学情绪，非常害怕去学校。一天放学，几个男生又堵在陈翔回家的路上，对他又是叫嚣又是嘲笑，还不停地推搡他。陈翔知道自己身体瘦弱，打不过他们，只能忍耐。然而那帮人实在太过分了，居然没完没了。陈翔实在忍不住自己的眼泪，伤心地哭了起来。正当这时，几个高年级的学长走过来，把那帮男生赶走了。陈翔非常感谢他们，连声说“谢谢”。这时，一个高个子的学长对陈翔说：“我看你总是被人欺负，不如就认我当大哥吧，我罩着你，保证以后没人敢欺负你。”陈翔根本不知道其中的门道，马上就答应了。

果然，之后的半个月再也没有人敢欺负陈翔。一天放学后，一个学长找到陈翔，说：“大哥要过生日，咱们都去送礼表示一下心意吧。”陈翔正好想感谢学长，当即答应拿出自己的一百元压岁钱

给学长买礼物。陈翔不知道，他又陷入了另一个麻烦当中。此后，学长总是想方设法找陈翔要钱，如果陈翔说没有钱，学长就会威胁他："你还想挨揍吗？"渐渐地，陈翔身上一千多元的压岁钱都陆续被要光了，他意识到了问题的严重性，把事情告诉了爸爸妈妈。爸爸妈妈大吃一惊，赶紧去学校找老师和校长处理问题。

对于校园霸凌现象，孩子要第一时间向爸爸妈妈或者老师求助，不要随意地加入任何帮派，否则就会像陈翔一样，刚刚摆脱一个麻烦，转眼之间又陷入另一个更大的麻烦之中。

青春期男孩往往比较冲动，尤其是身边的同学、朋友等同龄人也都处于青春期，因而很容易发生冲突。要想保证男孩的安全，除了培养男孩的自我保护意识、锻炼男孩的自我保护能力外，还要教会男孩如何与身边的人相处。告诫男孩一定要远离校园里那些拉帮结派的人，否则就会使男孩陷入麻烦之中。

对青春期男孩而言，学习是首要的任务，只有把同学之间的关系变得简单纯粹而又美好，才能不受干扰，专心致志地学习。否则，如果总是与同学发生矛盾，或者参加各种各样的小团体，人际关系就会变得复杂，学习也会受到干扰。

5 爱惜身体，远离户外运动中的意外伤害

为了锻炼身体，让自己长高，陈翔最近迷恋上了户外运动。中考结束之后，他请求爸爸妈妈允许他与同学一起去郊外踏青。爸爸妈妈原本想拒绝，但是想到陈翔已经十五岁，是个小伙子了，因而就同意了陈翔的请求。

不想，才中午时分，爸爸妈妈就接到了紧急求助电话。原来，陈翔在和同学爬山的时候不小心从石头上摔了下来，导致腿部骨折。爸爸妈妈接到电话后十万火急地赶往事发地点，这时，及时赶到的120已经对陈翔进行了初步救助。看着陈翔被固定的腿，妈妈眼泪都流了下来，懊悔自己不应该答应陈翔跑到郊外去玩。其实，问题的关键不在于陈翔和同学一起出来玩耍，而在于陈翔没有很好地在户外运动中保护自己，在进行运动之前也没有对活动的危险性进行准确评估。

常言道，初生牛犊不怕虎，很多孩子没有接受过危险意识教育，因而他们对于某件事情会造成怎样的危险后果并没有准确的预估。事例中，如果陈翔能意识到自己爬上石头会有摔落的危险，那么他就会更加小心，当他觉得危险有极大概率会发生时，他也许还会避免爬石头的行为。很多父母以孩子胆大而骄傲，对孩子胆大的原因却没有准确的区分。有的孩子不知道自己的行为会带来什么后果，因而无知者无畏，盲目大胆行动，而有的孩子则是在预估危险后有的放矢地行动。显而易见，前者容易受到伤害，后者则能有效避免危险。

随着社会的发展、生活观念的转变，越来越多的人热衷于户外运动。户外运动虽然能让身体吸收充分的氧，起到锻炼身体、增强体质的作用，但是也很容易发生危险，尤其是对缺乏户外运动经验又喜欢探索的青春期男孩而言，发生危险的概率更高。那么如何精心准备才能避免极端情况的发生，才能在意外发生时从容应对呢？很多专业的户外运动员在去户外之前都会进行充分的准备，会提前了解即将要去的活动地点，对可能出现的危险进行准确预估，在此基础上准备所需要的物品与器材。当然，我们未必能够达到那种专业的程度，但是父母一定要告知男孩在户外运动过程中有可能出现的危险和突发情况。这样至少男孩能在精神上和物质上有所准备，最大限度地避免危险的发生。

对于户外运动，青春期男孩一定要端正态度。首先要意识到进行户外运动不是为了耍酷，而是为了锻炼身体。要想让户外运动实现预期的效果，我们就要根据自身的身体状况选择合适的运动方式，把握好户外运动的强度，千万不要为了耍酷而勉强自己，给身体带来伤害。其次，对于户外运动中有可能发生的危险也要有准备。背包里除了必要的饮用水和食物之外，还要带小型的医用急救包，这样能在危险发生后及时处理。最后，在进行户外运动前，还要进行身体上的准备，养足体力，让身体保持最佳状态，从而顺利进行户外运动。总而言之，与普通的运动项目相比，户外运动具有一定的危险性，只有充分准备，才能保证安全。

6 遇到紧急情况不要慌，有效地求助很重要

陈翔和同学出去看电影，乘坐公交车回家的路上发生了车祸，公交车侧翻了。意外发生得很快，陈翔和同学还没有反应过来就已经和公交车一起歪倒在地上。那一刻陈翔很害怕，他的意识虽然很清醒，但是手和头都擦破了，他看到同学的鼻子也流血了。

陈翔尝试着站起来，他猫着腰走到同学身边，将他扶起来，询问同学有没有不舒服的地方。在确定自己和同学都没有大碍之后，他才来得及观察周围的情况，这才发现有的乘客正痛苦地呻吟，陈翔马上拿出手机拨打紧急求助电话。他先拨打了120，然后又拨打了110，继而与同学尝试着爬出公交车。这时，已经有一些热心的路人开始对他们展开救援了。在路人的帮助下，陈翔和同学艰难地爬出公交车，这才发现同学的腿也受伤了。陈翔赶紧扶着同学到路边安全的地方坐下，然后打电话通知他们的父母，并且告知父母不要过于担心。

与地震、海啸、火灾等危急意外相比，车祸在日常生活中极为常见。每当意外发生时，很多人都会惊慌失措，尤其是青春期男孩，因为从未遇到过类似的情况，根本不知道如何应对。实际上，在意外发生时，如果能够及时果断处理，就能避免更恶劣的结果出现。尤其是在危急情况下，时间就是生命，更要学会紧急求助。

事例中，陈翔的反应是非常正确的。他并没有惊慌失措，躺在车里等待救援，而是先检查自身的情况，确定自己无大碍时帮助同学尽快离开侧翻的公交车，有效避免了二次伤害的发生。而且，他还仔细观察了周围的情况，这样一来在打电话报警时才能更清楚地描述现场的情况。在发现同学腿部受伤后他没有盲目带着同学走路，而是让同学坐到路边安全的地方，避免伤情恶化。在进行这一系列自救后他才打电话给父母，告知他们自己的状况。

在意外事故中，受伤往往不可避免，为了能够正确处理伤情，青春期男孩还应该了解一些急救知识。例如对于骨折的人，不要轻易挪动其受伤的肢体，即使一定要移动，也必须进行简单的固定和包扎；对于颈部受伤的人，千万不要随意挪动，否则就有可能导致永久性的伤害，或者直接导致伤者瘫痪。另外，当自己身负重伤时一定要控制好情绪，不要紧张急躁，否则会加重出血。要抓紧时间报警和求救，尽量说清楚自己的情况和所处的位置。要知道，自救才是危急时刻的重要应对方式，既然慌乱对于解决问题没有任何好处，那么就要保持镇定，努力自救。

7 男人用智慧解决问题，而不是盲目逞能

自从经历了摔伤骨折的事情后，妈妈很长时间内都不让陈翔在没有家长监护的情况下出去玩了。好不容易等到身体完全恢复，陈翔特别想出去玩。在陈翔的再三央求下，妈妈这才同意带着陈翔去海边玩，想着在柔软的沙滩上应该不会再出问题导致陈翔受伤了。

在海边，陈翔玩得很高兴，中午太阳强烈时，他们一家人就去海边的丛林里探险。然而，走着走着他们竟然迷路了，怎么也走不出去。天色越来越晚，妈妈不由得害怕起来，抱怨爸爸："都怪你，刚才我说不进来，你非要进来，这下好了，天都快黑了，这可怎么办？"正当爸爸妈妈着急地找路时，陈翔灵机一动想出了好办法。他让爸爸妈妈坐在地上保存体力，自己拿出随身携带的口哨，每隔一分钟吹响六下。果不其然，没过多久，导游就在当地人的带领下找到了他们。妈妈惊喜地问陈翔："你怎么知道这个方法的？"陈翔得意地说："自从上次在山里遇到危险，我就知道户外

运动会有很多突发情况的，所以读了一些野外求生的书籍，也知道遇到危险该如何求救。”听到陈翔这样说，爸爸妈妈的眼神里充满了自豪。

在遇到危急情况时，男孩不要逞能，而要想办法，用智慧解决问题。事例中，如果陈翔只顾着和父母往前走，四处乱撞找路，那么最终很可能因为筋疲力尽而遭遇更危险的情况。幸好陈翔懂得一些野外求生的技能，因而灵机一动用随身携带的哨子向其他人求救，最终顺利获救。

因此，青春期男孩一定要掌握必要的户外生存技能与知识，这样才能在遇到危急情况时以智慧取胜。要记住，越是面对危险的情况，越是不要慌乱，唯有保持冷静和理智，才能维持自身正常的智力水平，最大限度地解决问题。

很多青春期男孩因为冲动好面子，遇到问题时总是喜欢逞强，尤其当有同龄女孩在身边时就会不顾实际情况盲目行动，反而造成更严重的后果。在危机情况下，逞强是要不得的，人的能力有限，很多意外的危险靠个人能力是无法化解的。这时我们需要做的就是转移到相对安全的地方，保存体力，等待专业搜救人员的救援。在这方面，爸爸要为男孩树立好的榜样，告诉男孩遇到危险时不要莽撞行事，唯有保持冷静理智，才能从容应对和处理问题。

8 对不合理的事情，要勇敢地说“不”

上了高一之后，陈翔明显感觉同学之间的关系变得微妙起来。初中时期同学之间的关系都比较简单，高中却突然变得复杂起来，这让向来不善于处理人际关系的陈翔很苦恼。

有段时间，班里要选班干部，陈翔觉得自己体育成绩一直很好，就竞选了体育委员。不想，竞选结果令陈翔大跌眼镜，长得像豆芽菜、一向不擅长体育的晓明当选了。陈翔心里充满了疑问：明明我的得票率很高，为什么会落选呢？陈翔不服气，去找班主任询问原因。在班主任的一番解释下，陈翔总算明白了：原来，晓明的爸爸为学校捐献了一批体育器材，所以才让晓明当体育委员。原本班主任以为陈翔知道原因后会接受这个事实，没想到陈翔更不服气了，居然直接找到了校长。校长了解事情原委后，严肃批评了班主任老师，并要求她按照实际投票情况调整班委会成员。最终，陈翔如愿以偿地当上了体育委员，在热爱运动的陈翔的带领下，整个班级的体育成绩都有所提升，校长也对陈翔十分满意。

不得不说，在如今的社会中，人情关系的确渗透到了社会生活的各个领域。就算在学校中，教育也变得不那么简单纯粹，而是需要协调各方面的关系。如果陈翔是个怯懦的男孩，那么对发生在他身上的不公平现象也许就会忍气吞声。然而，青春期的陈翔表现出了坚持原则、追求公平的态度，他不但找了班主任，还找了校长，最终用自己的坚持和勇敢维护了自己的权益。

现代社会的很多成人都太过胆怯，他们总是有太多的担忧，怕这怕那，不敢维护自己的合法权益。作为父母，如果把孩子教育成这样的人，那么可想而知孩子今后的生活会有多么委屈与窝囊。当然，也许有人会说为人处世需要圆滑世故。的确，要想在社会上站稳脚跟，必须掌握一定的人际交往技能，但也不能没有底线。尤其是对男孩而言，青春正气和阳刚之气都是必不可少的，也是能为男孩的人生加分的。父母一定不要以保护为借口，总是教男孩如何世故圆滑，而是应该教会男孩坚持原则，守住人生的底线，这样青春期男孩才能成长为独立、勇敢、有担当的大人。

第六章 保持心理健康，做个真正的男子汉

成为真正的男子汉是每个青春期男孩都曾有过的梦想，然而只有强壮的身体还不足以成为真正的男子汉，真正的男子汉除了要有强健的体魄之外，还要有坚韧不拔的精神。所以爸爸一定要重视青春期男孩的心理塑造工作，让青春期男孩变得从容、坚定、果敢，最终成长为真正的男子汉。

1 —— 做事有耐心是成功的关键

最近这段时间，妈妈发现原本是好好先生的浩浩变得越来越暴躁。上小学时，浩浩每天放学后都会主动和妈妈说说学校里的事情，但是现在升入初中后，哪怕是妈妈主动询问，浩浩也总是一副不耐烦的表情，根本不想搭理妈妈。妈妈以为浩浩是因为学习任务重，所以才心情不好。直到有一天浩浩拿回老师布置的作业却因为不会做而歇斯底里时，妈妈才意识到浩浩做事太急躁，缺乏耐心。

老师布置的作业是写一篇作文，主题是介绍家乡。浩浩根本不了解家乡，又不愿意去查阅资料，因而就一直拖着没写。他下午六点就坐在书桌前苦思冥想，直到晚上九点多只写了个题目。妈妈刚一催促浩浩，浩浩就喊道："写什么写，根本没有好写的啊。这怪我吗？你和爸爸整天忙工作，有的同学大半个中国都走遍了，我却连家乡都没逛过。你们指责我，还不如想想你们自己做得怎么样呢！"妈妈莫名其妙被浩浩一顿抢白，心中窝火，但她不想和浩浩发生争执，努力平复自己的心情，对他说："浩浩，你为什么不能耐心一点呢？就算你不了解家乡，也可以查阅相关资料啊。爸爸妈妈工作忙不能带你到处去玩是我们的不对，今后我们会尽量抽出时间带你出去走走的。但是，无论做什么事你都要有耐心，急躁是不能解决任何问题的。"在妈妈苦口婆心的劝说下，浩浩意识到了自己的错误，羞愧地低下了头。

青春期男孩正处于身心快速发展的阶段，在这个阶段，由于雄性激素分泌过剩，男孩的内心会变得躁动不安，情绪也会非常不稳定，一点点小事情都能够点燃他们内心的焦躁，因此，他们在需要花费心思的事情上往往缺乏耐心，甚至很容易动怒，让身边的人头疼不已。

进入青春期之后，很多男孩与父母的关系会变得紧张起来。曾经乖巧听话、对父母充满依赖和信任的男孩不见了，取而代之的是脾气暴躁、经常顶嘴的倔强孩子，有的男孩甚至就像是父母的仇人，专门做一些让父母不开心的事情，很多父母不知道如何跟男孩相处，因此精神焦虑。当亲子关系在日复一日的争吵中变得越来越差时，不仅父母会感到无奈，青春期男孩也会产生无尽的烦恼。从本质上而言，如果青春期男孩能够控制好自己的情绪，与父母相处时多一些耐心，亲子关系就会缓和很多。

青春期男孩缺乏耐心不仅表现在亲子关系上，也表现在学习上。因为缺乏耐心，青春期男孩在学习上很容易粗心大意，导致学习成绩忽高忽低，犹如坐过山车一样。在遇到难题时，男孩原本只需要静下心来认真思考就能解决问题，却总是因为缺乏耐心而变得暴躁，导致问题越来越严重。从这个角度来看，青春期男孩首先要能够控制自己的情绪，做情绪的主人，这样才能最大限度地激发自身的潜能。保持情绪稳定最简单的方法就是遇到问题时可以深呼吸，让自己保持冷静。记住，愤怒和冲动不能解决问题，反而会使事情变得更糟糕，保持冷静，理性地对待问题，才能够顺利走出眼前的困境。

2 人无完人，你并不需要做到事事完美

升入初一之后，爸爸发现浩浩的青春期表现越来越明显了。原本邋里邋遢的浩浩，如今特别注重自己的外表，而且再也不穿爸爸妈妈为他买的衣服了，不管添置什么个人物品浩浩都坚持亲自挑选。

一个周末，浩浩准备和爸爸去看电影，走到半路时才发现自己原本洁白的T恤上有很大一块污渍。浩浩觉得非常难看，想要回家换一件T恤，但电影马上就要开始了，再回家一趟就会错过电影开场。就这样，浩浩一边往电影院走，一边对自己不够干净的T恤耿耿于怀："这也太丢人了，万一被同学看到，他们一定会笑话我的。啊，千万不要被同学看到。"

还有一次，浩浩代表班级参加奥数比赛。一直以来浩浩的奥数成绩都非常优秀，然而这次不知道为什么发挥失常，没有在比赛中取得名次。那天回家后浩浩非常沮丧，甚至有些绝望。爸爸鼓励他："一次失误没关系，下次比赛赢回来就是了，没什么大不

了的。”不想，浩浩却说：“同学们一定很生气，我让他们失望了。”看到浩浩失落的样子，爸爸意识到他有些偏激，因而对他说：“浩浩，胜败乃兵家常事，这次比赛换作其他任何一个同学参加也不能保证一定会赢得名次。你要学会放下自己，放松心情，每个人都会遭遇失败，你也是。而且，这只是小小的失败，在未来的人生中还有更多的挫折需要你面对，难道你就一蹶不振了吗？记住，真正的强者不是始终能赢的人，而是哪怕面对失败也能收拾好心情再接再厉的人。”

青春就像是一面肆意张扬的旗帜，在空中张狂地狩猎，而青春期男孩的心更像是一面躁动不安的大鼓，恨不得每分每秒都发出震耳欲聋的响声。尽管青春期男孩看起来活力充沛、个性十足，但实际上他们的心中也有小小的秘密，那就是他们希望自己是完美的。青春期男孩与青春期女孩一样敏感，他们也非常在意别人的眼光与评价，常常会因为老师、父母或者同学一句不好的评价就难过失落。

然而，这个世界上并没有绝对完美的人，任何时候，青春期男孩都要学会接纳和宽容自己。尺有所短寸有所长，每个人都有自己的优点和缺点，只要端正心态，就能拥有充实精彩的人生。青春期男孩一定要理性，不要总是因为别人的评价郁郁寡欢。唯有保持心情的平静和愉悦，青春期男孩才能更健康、乐观，顺利地实现人生的理想。

3 虚荣之心不可有，脚踏实地方成功

在佳明眼里，表姐是个不折不扣的学霸，总是能把学习学到最好，也总是能得到所有人的喜爱。因而，佳明从小就以表姐为标杆，以踩着表姐的脚印前进为荣。

然而，佳明觉得自己在学习上根本无法与表姐匹敌，他决定另辟蹊径，放弃文化课，去练习体育。一直以来，虽然佳明的体育成绩很出色，但是因为他的文化课成绩也非常好，足以考上好大学，所以没人动过让佳明练习体育的念头。得知佳明的想法后，爸爸妈妈表示反对，妈妈更是动员了七大姑八大姨来给佳明做工作。表姐大概知道佳明放弃学习的原因，因而在所有亲戚朋友都劝说无果之后，决定来试一试。

表姐来到佳明家里，像之前一样和佳明玩游戏。玩到高兴的时候，表姐不经意地对佳明说："佳明，这个环节不要放弃啊，否则就彻底输掉了。这一关虽然很难过，但是勇敢地走出去是最重

要的，否则怎么知道下一关会如何呢？”表姐话里的深意佳明很清楚，一直以来笼罩在身上的萎靡气息被一扫而光，佳明突然间就斗志昂扬：“当然不会放弃，等着瞧吧！”在和表姐正面交锋后，佳明反而想明白了，既然自己目前在学习上无法超越表姐，那么就更要加倍努力，才能把握时机发挥自身的优势，对表姐展开逆袭。此后，佳明脚踏实地地学习，考上了国内的一所知名大学，而且大学毕业后还继续深造，最终成了博士后，开拓了人生的新天地。

每个人都有优势，每个人也都有劣势。一个人如果总是拿自己的劣势和他人的优势相比，毋庸置疑会感受到深深的挫败感，让自己失去信心。实际上，明智的男孩既不会拿自己的优势去比较他人的劣势，也不会拿自己的劣势去比较他人的优势，他们会尽量客观公正地评价自己，竭尽全力去做得更好。

在教养男孩的过程中，父母一定要让他们摒弃事事都与他人比较的想法。当然，适当的比较能够激发男孩的动力，让他们不断提升自己，让自己变得更优秀。而如果事事都跟别人比较，遇到自己比不上别人的地方就选择放弃，会对男孩的成长造成负面影响。

人都是不完美的，正是不完美，才让人有了前进的动力。如果努力去做一件事的原因是因为虚荣心，那么结果一定不会太好。因此，爸爸一定要引导青春期男孩树立正确的人生态度，把变成更好的自己当作努力的动力，而不要斤斤计较于与他人比较时险胜的虚荣心。

4 学会忍耐，别让坏情绪伤害了自己

每天中午，同学们吃完午饭就留在教室里坐在各自的座位上休息。有的同学选择闭目养神，有的同学选择写作业，有的同学选择看课外书。每到这时，鑫子的座位周围总是异常热闹，因为鑫子带了很多课外书来给同学们看。当很多同学都围绕在鑫子身边时，负责维护纪律的班委很不乐意，因而以扰乱纪律为名罚鑫子抄写当天要求背诵的课文。这让鑫子很生气，当即辩解："不是说警告三次才罚抄写课文的吗？为什么一次都没警告我就要罚我抄课文呢？这不公平。"班委不以为然，仍然要求鑫子抄写课文。为此，鑫子和班委之间发生了争吵。

正当他们吵得不可开交时，班主任老师来到教室里，赶紧拉开他们，询问情况。在听鑫子讲述了事情经过后，班主任说："我不相信班委不警告你，就会罚你抄写课文。"说完，老师就去找班委了解情况，结果证实的确如鑫子所说的，班委并没有警告鑫子。原

本，鑫子以为老师在调查之后能给予自己一个公正的处理，没想到老师却袒护班委，说："你必须抄写课文，谁让你扰乱班级秩序了呢！"听到老师的话，鑫子原本心中还有的希望瞬间破灭了，他突然爆发，对老师大喊大叫。最终，鑫子和老师也爆发了冲突，原本一上午都很开心的鑫子就这样陷入了坏情绪之中，一下午都无法集中注意力听课。

青春期男孩内心非常敏感，他们的情绪经常像脱缰的野马一样肆意奔腾，身边的人一不小心就会被他们的情绪火焰灼伤。就鑫子而言，他一开始是因为班委违规罚他抄写课文而生气，后来因为班主任老师调查清楚真相却依然袒护班委而生气，愤怒的结果不仅没有解决问题，还影响了鑫子的心情和学习效率。

很多父母形容青春期男孩为"炮仗"，这是因为青春期男孩情绪暴躁，真的如同炮仗一样，哪怕是遇到一点点的火星子，也会瞬间爆炸。没有人愿意承受青春期男孩的坏脾气和坏情绪，即使是父母，也不愿意平白无故就承受这样的压力。青春期男孩一定要对自身情绪有充分的了解，这样才能避免无缘无故地伤害他人。尤其是遭遇批评时，很多青春期男孩都不能从容接受，反而会因为他人善意的批评而暴跳如雷，导致自己陷入坏情绪的漩涡。因此，青春期男孩应该调整好自己的情绪，对生活中不如意的事多一些耐心与容忍，避免因冲动给生活带来更大的麻烦。

5 —— 诚实是一个男人不可缺少的素养

在列宁小的时候，有一次妈妈带着他去姑妈家里做客。列宁已经很长时间没去姑妈家了，因而在见到兄弟姐妹时异常兴奋，很快就和兄弟姐妹们玩成一片。因为玩得太开心了，列宁不小心撞翻了姑妈的一个花架子，架子上的花瓶应声掉落在地上，摔成了碎片。看到花瓶被打碎，兄弟姐妹全都停止奔跑站在原地，列宁不知道如何是好，也和他们站在一起。很快，姑妈听到花瓶碎裂的声音来到这里查看情况。姑妈问花瓶是谁打碎的，大家先是默不作声，接着都说不是自己。列宁害怕被姑妈责怪，也和兄弟姐妹们一样连连摆手否定。这时，站在姑妈身边的妈妈看出了列宁的异常，知道了花瓶是列宁打碎的，但妈妈并没有当着姑妈的面揭穿列宁。

回到家里，妈妈经常给列宁讲关于诚实的故事，打碎了花瓶却刻意隐瞒的列宁每次听到“诚实”二字都会很难过。在妈妈潜移默化的引导下，一天晚上，列宁终于忍不住向妈妈承认了错误。看着列宁后悔的样子，妈妈抚摸着列宁的头说："好孩子，你能承认错误，妈妈感谢你。你不知道，这些天来，妈妈最担心的事情就是不能由你说出真相，现在妈妈心中的大石头终于落地了。妈妈希望能够培养出诚实的孩子，因为诚实是做人的根本。"在妈妈的鼓励下，列宁当天晚上就给姑妈写信承认错误。很快，姑妈的回信就来了。姑妈在回信上写道："好孩子，诚实是比一百个花瓶都更贵重的品质。"

一个人要想立足社会就一定要诚实，不仅要对他人诚实，对自己的内心也要坦诚。人在一生之中难免会遇到各种各样的困境，甚至有的时候不得不说一些善意的谎言才能度过危机。然而，即使善意的谎言能够对很多事情起到积极的作用也不要总是说谎，因为谎言终究是谎言，不能代替诚实。尤其对青春期男孩而言，他们正处于塑造品质、养成习惯的关键时期，如果因为撒谎而扭曲了人生的方向，那么结果无疑是非常严重的。

从男孩自身的角度而言，诚实能让他们变得更从容，更坦荡。众所周知，一个谎言需要成百上千个谎言来圆，不诚实会给生活带来一系列的麻烦。因此，青春期男孩一定要有敢做敢当的勇气，不管发生什么事情，也不管需要承担怎样的责任，都要勇于面对。逃避是不可取的，唯有直面人生，勇于承认自己的错误，保持诚实的品质，才能有更精彩辉煌的未来。

6 抵制诱惑，优秀的男人都拥有超强的自控力

一个周末，鑫子的同学过生日，邀请要好的同学一起去唱歌。小小年纪的他们非常羡慕大人能喝酒，因而小寿星提议大家也喝一些啤酒，由他的爸爸买单。同学们全都欢呼起来，唯有鑫子很担心："这么多孩子在一起喝酒，万一遇到坏人怎么办，那可就太糟糕了。"

很多同学都是第一次喝酒，才喝了几口就有些上头了，鑫子坐在一旁坚决不碰酒杯。其实他的想法很简单：爸爸说我必须十八岁之后才能喝酒，而且这么多同学都喝酒，没人照顾他们怎么行？就这样，不管同学们怎么劝说鑫子，鑫子都不为所动。最终，十几个同学里，只有鑫子一个人保持着清醒，有几个同学醉得呼呼大睡，还是鑫子打电话通知他们的父母来接他们的呢！

毫无疑问，鑫子是一个有超强自控力的孩子，可想而知，即使

长大成人之后，鑫子也不会做不该做的事情，更不会不顾一切地放纵自己。每个孩子在成长的过程中都会有很多限制，例如不许抽烟喝酒、不许沾染毒品、不许早恋等。这些规定让有的孩子感到被束缚，也让很多孩子因此明白了界限，从而更好地控制自己的行为。实际上，这个世界上根本没有纯粹的自由，很多人看似自由自在，其实都是在允许范围内最大限度地获取自由。尤其是对青春期男孩而言，因为他们正处于生命发展的特殊和关键时期，因而受到的限制会更多。男孩们必须意识到，这些约束和限制是为了他们好，一定要尽量遵守，而不能心怀抵触。

在漫长的生命旅程中，每个人都会面临各种各样的诱惑。尤其是现代社会不断发展，物质生活水平极大提高，文娱生活也越来越丰富，各种娱乐休闲设备层出不穷，在这种情况下，青春期男孩原本就疲于应付没完没了的作业，对外界诱惑的抵抗力也会降低，时不时地就想要放纵一下，甚至完全沉迷于玩乐。不得不说，有些诱惑带给青春期男孩的将是致命的打击，例如吸毒、赌博。吸毒会使人体产生强烈的依赖性，导致人体上瘾，想要戒除是非常难的，青春期男孩一旦因为好奇沾染上毒品，等待着他们的就会是暗无天日的人生。遗憾的是，很多男孩最初沾染毒品都只是因为好奇。青春期男孩要想抵制诱惑，第一步就是要控制住好奇心，不要因为好奇去尝试危险的事情。尽管有的时候好奇能够激发出青春期男孩的探索欲望，但是更多的时候会把他们带入麻烦的漩涡中。所以对于有些事情应该保持好奇，而对于有些事情青春期男孩则要保持理性，不要总是蠢蠢欲动。

细心的男孩会发现，成功的男性都具有超强的自控力。正是因为自控力，这些男性不会轻易去做危险的事情。当然，这里所说的危险不是指普通意义上的危险，而是例如吸毒、赌博等原本碰都不该碰的事情。对于日常意义上的危险，例如爬山，在做好准备之后青春期男孩还是可以去尝试的。举个简单的例子，喜欢蹦极的人不是勇敢，他们或许只是想追求那种疯狂刺激的感觉而已；而明明知道深入火场救人可能有危险却依然顶着浸湿的棉被往火场里冲的人才是真的勇敢。所以青春期男孩要弄清楚真正的勇敢是什么，也要准确区分勇敢和莽撞的不同。

人生之中，有些事情是要明知山有虎偏向虎山行的，有些危险却是要尽力避免的。唯有如此，男孩在成长的过程中才能有进步，才能规避危险，让自己健康快乐地成长。当然，在男孩还不具备能力进行准确辨识时，爸爸一定要多多引导男孩，以身作则给男孩做出榜样。

7 —— 学会独立思考，你要有男人的担当

中考时鑫子的成绩很不错，因而妈妈奖励他一次独自外出旅行的机会。这个权利作为一个奖励办法后没多久，鑫子就接到了同学的邀请。原来，这个同学要去国外旅行，想让鑫子和他一起去。鑫子之前从没有独自出过远门，而且家里经济条件也比较紧张，因而有些犹豫。后来，同学告诉鑫子他爸爸就是旅行社的经理，可以给他们申请超级便宜的折扣，鑫子才怦然心动。

当鑫子委婉地告诉妈妈他有机会以低价去国外旅行时，出乎鑫子的预料，妈妈并没有反对，而是提出了一个附加条件：“既然国外旅行的开销是国内旅行的双倍，那你必须答应我高一阶段考取班内前十名。”听到这个条件鑫子很犹豫，以夸张的语气对妈妈说：“妈妈，难道您以为自己生了个天才吗？我的入学成绩在班里排在三十名左右，我也就是打着擦边球才考进这所名校的，您怎么能要求我进入前十名呢？”妈妈不以为然：“我当然知道这是个艰巨的

任务，就看你敢不敢挑战自己！”

妈妈给鑫子三天的时间思考，鑫子却始终没有给出明确的回答。眼看着约定时间要到了，同学又不断地催促鑫子给他回话，鑫子只得忍痛割爱告诉妈妈：“我决定放弃，还是在国内旅行吧！”妈妈问鑫子：“你真的不想出国吗？这可是千载难逢的好机会啊！”鑫子委屈地说：“但是您的要求也太高了。”妈妈说：“这不是我的要求高不高的问题，而是你是否自信的问题。哪个成功者会做自己不屑一顾的事情呢，他们不都是因为做到看似不可能完成的事情才获得成功的吗？你如果相信自己，就应该换个角度思考问题：就算不去国外旅游，也要认真学习，拼尽全力，那么为什么不给自己设定一个目标，说不定真的能够达成呢！但是如果你连想都不敢想，那么你绝无可能获得成功。”妈妈的话让鑫子茅塞顿开，他当即改变主意，向妈妈保证：“是的，妈妈，我本来也想冲刺前十名，既然如此，我就应该挑战自己。我答应你，高一进入前十名，我也一定能做到！”

就这样，鑫子和同学去了国外旅行，短短十天下来，鑫子有了巨大的改变。回到家里，他对外面广阔的世界念念不忘，居然对妈妈说：“妈妈，我不满足于班级前十名了，我要进入年级前十名，这样以后我才能出国读大学！”听到鑫子这么说，妈妈高兴极了。

人生何处无压力？人生处处有压力。别说鑫子作为即将升入高中的学生，就连小学生和幼儿园的孩子都有很大的压力，都要为了不输在起跑线上而努力。鑫子妈妈说得很对，作为一个男人，如果连想都不敢想，那么根本不可能获得成功。在教养青春期男孩时，父母一定要培养男孩的责任意识，让男孩有担当，敢拼搏，这样男孩在今后的人生中才会有出色的表现，获得更好的发展。

在自然界，雄性往往比雌性更强大，在生理上，男性也占据了很大的优势。但是如果不能把这种优势发挥出来，那么优势就会被埋没。因而在教养男孩的过程中，爸爸一定要以身作则，给男孩好的榜样，成为男孩的标杆。如今很多男孩变得如同女孩一样优柔寡断，是因为他们从小由妈妈或者奶奶、姥姥等女性抚养长大，进入学校之后，幼儿园和小学又以女老师居多，男孩会不知不觉地女性化。如果爸爸能够均衡好工作和家庭之间的关系，抽出更多的时间陪伴男孩成长，相信男孩一定会越来越阳刚，行事作风会更加勇敢果断。

越是在需要下决断的时刻，男孩越是应该表现出英勇的气概和绝不后悔的决心。所谓无怨无悔正是人生最高的境界，要记住，哪怕做出了错误的决定也没关系，只要勇于承担责任，就能撑起人生的一片天空。

8 故意唱反调，并不能被别人理解

自从奇奇进入青春期后，妈妈发现奇奇真是人如其名，变得越来越奇怪了。他不仅总是和爸爸妈妈对着干，而且说话也阴阳怪气的，惹人生厌。

一天早晨，爸爸起晚了，送奇奇去学校比平时晚了十分钟。妈妈坐在后座上看着时间，着急地说：“哎呀，今天时间有些紧张，希望路况好，不要迟到。”这时，奇奇捏细了嗓子说：“是呀，这不都多亏了某人今天动作‘迅速’！”妈妈听出来奇奇是在挖苦讽刺爸爸，当即批评奇奇：“你这个孩子怎么没有感恩之心呢？为了你，爸爸妈妈每天六点就要起床，六点半准时出发送你上学。昨晚爸爸加班到深夜十一点半，今天却还是要按时起床送你，你不说谢谢，还在这里阴阳怪气地挖苦爸爸。真不知道你最近是怎么了，这么喜欢唱反调，我看你就是欠揍。”妈妈的一番话说得奇奇哑口无言，他自知理亏，不敢和妈妈争辩了。

很多父母会发现，孩子进入青春期之后变得特别“讨厌”，处处与父母作对，自以为是。孩子到底是怎么了？难道雄性激素分泌过多就让孩子完全变成另外一个人了吗？

其实，孩子进入青春期后爱唱反调是他们的自我意识不断增强导致的。一直以来，大多数父母都觉得孩子年纪小，家里的任何事情都不让孩子参与，哪怕是他们自己的事情，父母也习惯了代替他们做决定。长此以往，父母在无形中就把孩子当成了自己的附属品，丝毫不把孩子当成平等的家庭成员对待。孩子渐渐长大之后，父母却依然像以前一样对待他们，必然会引起他们的反抗。

青春期男孩具有强烈的自我意识，他们想得到父母的尊重和理解，需要父母的平等对待。如果说当男孩进入青春期之后父母可以送给他们一份礼物，那么尊重、理解与平等对待就是最好的。从本质上而言，青春期男孩喜欢唱反调只是为了吸引父母的关注，如果父母在此之前就能给予他们足够的关注，让他们自由地表达自己，那么男孩就不会以唱反调的方式来吸引父母注意。相信在这样的相处模式下，父母与男孩的关系也会更加和谐融洽。此外，爸爸要注意培养男孩的自我意识，让男孩养成正面表达的习惯，以避免多余的争吵，帮助男孩健康快乐地成长。

第七章 初恋这件美好的小事

对于爱情，青春期男孩总是怀着无限的憧憬和渴望，而父母对此却很紧张。初恋只是一件小事，处理好就能给男孩留下美好的回忆，处理不好会给青春期男孩带来伤害。因此，父母一定要引导青春期男孩形成正确的爱情观，让他们顺利度过美妙的初恋时期。

1 —— 能不能和女孩交朋友

最近，奇奇发现班里多了好几对情侣，他们不但下课的时候黏在一起，上课的时候也会传纸条。奇奇的同桌罗飞也喜欢上了一个女孩，并且让奇奇帮他给那个女孩传递纸条和情书。奇奇就不明白了：为什么让我传递纸条和情书，难道他做贼心虚？想到这里，奇奇觉得很好笑，如果谈个恋爱都要这样偷偷摸摸的，那么还有必要提心吊胆去早恋吗？

这样的思考把奇奇带入了哲学家的境界，后来很长一段时间里，奇奇都在琢磨自己到底能不能和女同学成为朋友。当然，不是早恋，而是真正的朋友，就像和男孩交朋友一样。然而，罗飞告诉奇奇男孩与女孩之间根本没有纯粹的友谊，都是带着恋爱的味道的，这使奇奇更加困惑了。奇奇决定以身试法，光明正大地和一个女孩交朋友。和女孩交往一段时间之后，果然班里流言四起。大家都不明白，所有谈恋爱的人都是静悄悄的，为什么奇奇却要如此大张旗鼓呢？即使奇奇向他们解释自己与女孩的友谊是纯洁的也没人相信。后来，班主任发现奇奇与女孩过分亲密，便打电话通知双方父母。就这样，奇奇与女孩的友谊在多方夹击下由地上转为地下。如此一来，奇奇真的觉得自己像是在谈恋爱了。

关于青春期男孩与女孩之间是否有真正的友谊这个问题，已经被争论了无数次。不可否认，男孩与女孩之间存在纯洁的友谊，只不过不管是老师还是父母都绷紧了早恋的这根弦，将男孩与女孩之间的一切亲近行为，都冠以早恋的名号。

退一步而言，就算孩子真的谈恋爱了，一味禁止只会导致他们产生叛逆心理，对早恋更加用心和投入。对于早恋这件事，假如父母都能怀着理性的态度宽容地对待，那么男孩女孩在感受到爱的怦然心动和烦恼忧愁之后也许就会主动后退，不会盲目冒进了。

为了引导青春期男孩对爱情形成正确的认识，爸爸应该告诉男孩不要因为女孩的容貌就爱慕女孩，要知道再美丽出众的容貌也无法代表女孩的全部；不要因为自己某个方面的技能吸引了女孩的注意就沾沾自喜，因为女孩爱慕的也许只是你在球场上挥汗如雨的潇洒；真正持久的爱情是被对方的品行所吸引，由此爱慕倾心。由于品行是很稳定的，不会轻易改变，因此这样的爱情也才具有长远的生命力。

为了避免早恋，青春期男孩应该控制自己的好奇心，不要因为对女孩感到好奇就盲目坠入爱河，更不要因为班里有同学早恋就随大流。除了以上原因，有很多青春期男孩的早恋是因为叛逆，例如事例中奇奇与女孩之所以从光明正大地交朋友转入“地下恋情”的模式，就是因为父母和老师的过分紧张与干涉。总而言之，早恋的类型多种多样，爸爸要及时对青春期躁动不安、情绪化的男孩进行引导，帮助男孩顺利度过青春期，让男孩形成正确的爱情观。

2 为什么我总想“欺负”她

连周凯自己都感到奇怪，平时温和的自己为什么单单对小卿如此苛刻。小卿和周凯是同桌，一开始他们的关系很正常，周凯对小卿也能做到礼貌相待，热心帮助。而且，他们在学习上正好互补，小卿的语文成绩很好，不擅长数学，而周凯则恰恰相反，因而他们还组成了一个非常完美的互助小组，即小卿帮助周凯补习语文，周凯帮助小卿补习数学。一个学期下来，他们的成绩都有所提升。为此，新学期开始，老师虽然调整了很多同学的座位，却以“最佳学习小组”为由保留了周凯和小卿这对同桌。

然而，新学期开始没多久周凯就意识到了自己的变化。他总是忍不住想要欺负小卿，例如几个同学在一起交谈时他会故意与小卿对着干，说出和小卿完全相反的观点。当小卿跑步落后时，周凯就会故意嘲笑小卿。不知道为什么，每当看到小卿气鼓鼓的样子周凯总是感到高兴。虽然小卿为此跟周凯吵了好几次，但他还是乐此不疲地继续欺负小卿！最终，小卿忍无可忍，去找老师调座位，周凯与小卿的“最佳学习小组”也宣告解散。

当一个男孩以欺负一个女孩为乐趣时，也许这个男孩还意识不到自己的内心发生了微妙的变化，旁观者却会知道，这个男孩一定在喜欢那个女孩。喜欢不都是应该亲近和疼爱的吗？为什么男孩却要以惹恼女孩为乐趣呢？这是因为有些青春期男孩潜意识里不敢表达自己对女孩的喜爱，所以想要以这样的方式来掩饰自己的内心。这是赤裸裸的单恋，他们既怕被对方拒绝，又怕引起老师和父母的警惕。

青春期男孩不懂得爱情的真正含义，他们以为自己爱上了一生一世都注定要相守的人，因而很容易做出冲动的举动。在这种情况下，爸爸要多多引导青春期男孩，帮助他们形成正确的爱情观，理性控制心中的感情。比较有效的处理方式是，帮助男孩扩大交往的范围，鼓励他们参加集体活动，不要与心仪的女孩过于亲密接触，从而成功转移注意力，这样就能渐渐消散男孩心中的爱慕。

除了采取转移注意力的方法引导男孩之外，爸爸还可以和男孩一起多多运动，这样也能让男孩吃得香，睡得香，没有多余的时间和精力去“胡思乱想”。总而言之，青春期男孩正处于学习的关键时期，还是应该把更多的时间和精力都用于学习上，毕竟唯有今日的辛苦付出和努力，未来在人生中才会收获更多，也能如愿以偿地过上自己想要的生活。

3 —— 拒绝异性的爱慕要注意方式

青春期总是暗流涌动，就在周凯好不容易按捺住对小卿的喜爱并且继续与小卿保持良好的同学关系时，小卿突然悄悄地给了他一封信。周凯心中特别激动，还以为这封信是小卿写给他的，打开信却发现原来是班里一个不起眼的女孩——思思写的。在信里思思向周凯表达了爱慕之意，这一点让周凯很骄傲。尽管班里没人知道周凯暗恋小卿，但是调座位事件让周凯产生了挫败感，因此在收到这封示爱信时，他虽然很遗憾这封信不是小卿写的，却也欣喜异常，恨不得第一时间就昭告全世界：有人喜欢我，我却不喜欢她。

第二天自习课时，周凯故意在全班同学都在安静地看书时走到思思身边，拿出信还给思思，还大声说："对不起，我想我们都要以学习为重。"听到这么赤裸裸的拒绝，同学们马上就知道是怎么回事了，好事者还故意吹响了口哨，思思觉得太难堪了，当即哭着跑出教室。小卿非常生气地批评了周凯："你这个人简直太可恶了。思思又没有做错什么，你拒绝思思也可以悄悄的啊，有必要当着全班同学的面羞辱她吗？你不尊重别人，别人也不会尊重你。你最好不要喜欢谁，不然你一定会得到报应的。"原来，思思是小卿最好的朋友，而且又是小卿帮助思思鸿雁传书，所以小卿也有很大的压力，生怕思思埋怨自己。之后的好几天思思都没有来上学，后来老师在班里宣布：思思转学了。

在这个事例中，周凯的做法是错误的。年少无知的他在暗恋中受到挫败，因而内心很空虚，恰巧在这时收到了思思的示爱信，因而几乎不假思索就把自己在爱情中的挫败感转移到思思身上。只是他不懂得，一个人喜欢另一个人是没有错的，即便被示爱的人不喜欢示爱者也应该尊重对方，而不应该刻意伤害对方。尤其是不要把对方的信任和爱意公之于众，否则一定会让对方深深受伤。

青春期男孩心理还不成熟，在恋爱受挫时容易变得偏激，或恼羞成怒处处与喜欢的女孩作对，或为了挽回面子四处炫耀别人对自己的喜欢。爸爸在教养青春期男孩时一定要帮助他们树立正确的恋爱观，告诉他们无论是自己喜欢的人还是喜欢自己的人，都要以尊重对方为前提进行交往，不能因为对方拒绝你就产生怨恨，也不能因为对方喜欢你就肆意践踏他人的尊严，那都是不成熟的表现，也会招致异性的厌恶。

有的时候，男孩并不想伤害喜欢自己的女孩，但是由于其他人的起哄让男孩变得难堪，因而在慌乱之下做出伤害对方的举动。面对这种情况，男孩应该以不变应万变，被人喜欢不是错，完全无须难堪，只要自己问心无愧就不必在意他人的眼光。为了避免这种情况的出现，男孩在收到异性的情书时，应该在维护对方自尊的前提下正确处理，这才是男孩大度体贴、为人着想的优秀品质的体现。

4 怎样让喜欢的她关注你

最近，班里转来一个女生，名叫柔柔。柔柔转来没多久就成为班里所有男生心中的女神。因为柔柔长发披肩，长得很漂亮，说起话来柔声细气的。

作为班草的金东也喜欢上了柔柔，因而总是情不自禁地关注她，想要与她有进一步的发展。

金东在班里的女生中特别受欢迎，因而他自我感觉良好，觉得柔柔一定会喜欢他。但让金东受挫的是，柔柔并不像其他女生那样关注他。如何才能吸引柔柔的注意呢？一直备受女生追捧的金东很发愁，他想让柔柔对自己另眼相看。

金东认为女生应该喜欢在运动场上挥汗如雨的男生，于是向来不热衷运动的金东开始主动锻炼身体，努力地表现自己的运动激情。然而，柔柔对此视而不见。最终，金东只好使出撇手锏，在学习上勤奋刻苦，努力提高学习成绩。果不其然，当金东在班里的排名从十几名一跃而成为前三名时，老师在课堂上把金东夸赞了一番，柔柔终于看向了金东，金东心里简直乐开了花。此后，为了吸引柔柔的注意力，金东继续向着品学兼优、体育全能的方向发展。一个学期后，柔柔转学了，原来她只是跟着父母工作单位的调动来借读的，而金东却因此变得更加优秀。离开前，柔柔送给金东一个笔记本，扉页上写着：多想和你继续做同学。

毫无疑问，金东凭着勤奋刻苦成功地吸引了柔柔的注意，也进一步地提升了自己。对金东而言，得到心仪女孩的注意远远比学习上突飞猛进地提升重要得多，但是对他未来的发展而言，这一段时间的努力拼搏必然会起到积极的推动作用。

对青春期男孩而言，学习是最重要的任务。在用尽所有招数都无法吸引心仪女孩的注意时，不如让自己变得优秀，将心思放在学习上，努力学习，加强锻炼，让自己变成德智体全面发展的优秀男孩。这样不仅能够引起心仪女孩的注意，也促进了自己的全面发展，为以后的学习与生活打好了基础。

青春期的爱恋是纯洁的，但是青春期并非恋爱的最佳时期。因为青春期男孩和女孩的身心发育并不成熟，无法对恋爱做出正确的反应，很有可能为了吸引异性的注意做出一些夸张冲动的事情。因此，爸爸在教养青春期男孩时一定要告诉他们，只有真正优秀的男孩才能吸引女孩的注意，抽烟、喝酒、打架、恶作剧等耍酷行为只能吸引女孩短暂的注意，并不能真正得到女孩的喜爱。青春期男孩应以学习为重，把更多的时间和精力投入到提升自己方面，这样才能以出色的成绩和表现赢得更多女孩的瞩目。

5 —— 面对暗恋的她，该不该表白

进入青春期以后，凯文总觉得自己内心有种难以言明的冲动，总想与女孩亲近。没过多久，凯文就发现自己喜欢上了班里的一个女孩。

这个女孩很优秀，凯文每次看到她都会怦然心动，上课时都有些魂不守舍。凯文默默地关注着女孩的一举一动，却始终没能鼓起勇气向她表白。看到凯文痛苦的样子，好友劝说凯文勇敢表白，凯文内心很纠结，他害怕自己表白后被女孩拒绝，这样不仅让自己很没面子，而且他与女孩之间也可能变得很别扭，连朋友都做不成。思来想去，凯文还是决定默默地喜欢女孩，继续这甜蜜而又苦涩的暗恋。

很多青春期男孩都有暗恋的经历，那么面对暗恋的女孩，男孩到底是否应该表白呢？

大多数十四岁到十八岁之间的男孩都很容易发生暗恋，也就是单相思。顾名思义，暗恋都是一厢情愿的，对方要么不知道，要么知道后或装作不知道，或明确拒绝。学校生活使得男孩每天都能看到心仪的女孩，给了他们朝夕相处的机会，因此可以说，暗恋是青春期男孩爱情的常态。

从身心发展的角度分析，青春期男孩的心理还很稚嫩，性意识正处于萌芽之中，所以懵懂的他们充满了激情，很喜欢想象。与其说青春期男孩爱上的是某个现实中的女孩，不如说他们爱上的是在心中幻化了的完美女神。甚至因为一厢情愿的想象，他们还会把女孩的某些正常表现视为对他们的爱慕之意，从而更深地投入单恋之中无法自拔。但是他们很快就会发现自己的深情并不能得到女孩的积极回应，因而陷入痛苦。日久天长，必然会变得忧郁苦闷，影响身心健康。

当发现青春期男孩正处于暗恋的痛苦中时，爸爸应该帮助他们分析情况，劝说男孩理智对待暗恋，不要盲目表白。首先，青春期的爱情原本就是冲动的，无法持久，再加上青春期应该以学习为主，而且表白很有可能被拒绝，因而还是不要表白为好。如果爸爸能够引导男孩把对心仪女孩的爱慕之意转化为友情，在学习上相互帮助和促进，那当然是最完美的结果。

其次，一定要让男孩正确对待自己的感觉。青春期的感觉是最为朦胧和不可靠的，所谓的感觉往往是男孩一厢情愿自己想象出来的，因而男孩一定要分清楚自己对女孩是欣赏还是喜欢。爸爸一定要引导男孩勇敢地面对现实，而不要沉浸在不真切的感觉中，要让理智引领人生之路，从而把时间和精力更多地用于学习和提升自我方面。很多男孩面对自己喜欢的女孩时会觉得一旦错过她，今后就没有了幸福的机会。殊不知，人生是漫长的，有很多机会值得期许，唯有在该奋斗的年纪选择提升和完善自我，才能在最美的年纪遇见最美的爱情。

6 —— 在你能够负得起责任的时候再说爱

很长一段时间里，凯文上课时精神恍惚，晚上睡觉时也经常胡思乱想，导致失眠，这使他的学习成绩急速下降。虽然老师没有发现凯文有早恋的迹象，但凭着丰富的经验，老师断定凯文一定是有了喜欢的人。为了帮助凯文从这种糟糕的状态中走出来，老师特意打电话通知凯文爸爸去学校面谈。得知凯文的情况后爸爸非常惊讶，因为他一直没有发现凯文的异常。

回到家里，爸爸思考了很久，决定与凯文好好谈谈。吃过晚饭后，爸爸走进凯文的房间，询问了他最近的学习情况，并假装不经意地问："凯文，你们班里有谈恋爱的同学吗？"对于爸爸的询问凯文显然很紧张，一声不吭就赶紧摇头。看到凯文的反应，爸爸心里明白了几分，笑着对凯文说："其实，爸爸像你这么大的时候曾喜欢过班里的一个女生。"凯文听到爸爸的话，马上来了兴致，问爸爸："那您表白了吗？"爸爸想了想，认真地说："我差一点就表白了，但是后来还是没有表白。所以从严格意义上来说，那不算恋爱，更不算早恋。因为真正的恋爱都是双方的，而我只是偷偷地喜欢她，她并不知道。”凯文情不自禁地问：“爸爸，您为什么不表白呢？”爸爸就等着凯文问这个问题，当即滔滔不绝说起来：“小子，你以为爱情是那么简单的事吗？我先来问问你，你知道爱情的目的是什么吗？”凯文似乎从未想过这个问题，因而想了很久才犹豫不决地说：“在一起？”爸爸点点头：“嗯，回答很到位。爱情的目的就是像我和你妈妈这样在一起，组建家庭，再生下你，养育你，帮助你成家立业，而且在有困难时还要彼此扶持，互相照顾。”凯文觉得爸爸说得很有道理，因而连连点头。

爸爸沉默了一会儿，似乎在回忆以往的时光，然后很严肃地问凯文：“当时，爸爸家里的经济条件很差，学习成绩也不算优秀，如果我向她表白了，我能为她做些什么、我能给她什么承诺呢？”凯文认真想了很久，摇摇头，说：“似乎什么也不能，只是把自己心中的感受说出来而已。”爸爸问凯文：“既然我什么责任都不能负，又为什么要去扰乱另一个人平静的心呢？与其在不能承担责任的时候就说出来，引起不好的结果，不如先让自己充实起来，拥有让别人幸福的能力，这样才配得上更好的爱情。”听完爸爸的话，凯文陷入了深思。

青春期男孩身心发育还不成熟，因而还不懂得责任为何物。他们认为喜欢就是在一起，在一起就一定会幸福。其实，爱情是很复杂的，在没有能力保护对方、为对方负责任的时候轻易说爱，只会给两个人带来伤害。但是，偏偏青春期的男孩自以为懂爱，以为当下的喜欢就是一辈子的喜欢，不知道爱情需要经历很多的考验，因而做出一些不合时宜的举动。因此，爸爸要引导青春期男孩了解责任是什么、了解爱情的真正含义，这样才能彻底避免青春期男孩轻易说爱。

父母处理青春期男孩的暗恋问题时，恰到好处的引导是关键，既不要让男孩觉得受到压制而拼命反抗，也不要对男孩采取放任自流的态度，导致男孩在暗恋的道路上越走越远，影响身心健康。作为男孩最信赖的爸爸，一定要时刻关注并了解青春期男孩的心理，这样才能及时发现男孩的异常，最大限度地帮助青春期男孩端正对爱情的态度。

7 与女孩交往应该注意方式和分寸

虽然爸爸没有明确地劝说凯文，但是在爸爸旁敲侧击的引导下，凯文决定和他喜欢的晓雪成为关系要好的朋友，而不再往懵懂无知的爱情上靠拢。凯文决定要和爸爸一样，在能负得起责任时再谈爱情。

原本，凯文因为暗恋晓雪不好意思与她过分亲近，在心中为自己和晓雪的关系进行定位之后，凯文反而像卸下了重负一样，瞬间变得轻松起来，与晓雪也恢复了正常交往。晓雪擅长语文，而且是班里的学习委员，每当语文上遇到难题凯文就会积极地请教晓雪。不过，凯文的分寸把握得很好，他从来不会在放学后单独留下来请教晓雪，而是趁课间的时候三言两语就问完晓雪一个问题。有一次，晓雪的脚不小心扭到了，几个男生自告奋勇要送晓雪回家，凯文也没有去。尽管没有人知道凯文喜欢晓雪，但是他自己知道，为此他尽量把与晓雪的交往控制在普通同学的水平，从不表达出任何对晓雪的喜爱之情。

一段时间之后，凯文惊奇地发现自己对晓雪没有那么敏感了，已经能够坦然面对晓雪了。凯文很高兴，因为他在自己的努力下终于走出了这段艰难的关系，让自己与晓雪的相处重新变得从容自如，简单快乐。

正如歌德所说，哪个少年不善钟情，哪个少女不善怀春。青春期男孩和女孩都处于身心快速发展、性意识萌发的时期，因而容易暗生情愫，甚至一见钟情，彼此倾心和爱慕。而早恋又是父母和老师最担心的事情，与其等男孩与女孩发生感情后再去禁止和限制，不如先给他们打好预防针，让他们在相处过程中注意方式与分寸，从而有效避免他们陷入感情的漩涡无法自拔。

前文曾经提到青春期男孩要与异性或者陌生的同性保持距离，不要随便跟他们去偏僻的地方或者封闭的场所，这对于预防早恋也有非常好的效果。人是感情动物，每个人都有感情，也都要在群体中生活，如此一来，日久生情就会成为必然。很大程度上而言，距离能够决定人与人之间的感情状态，距离近有可能互生好感，距离远有可能导致彼此间的关系越来越疏远。因此，爸爸在教养青春期男孩时，要向他们强调与女孩交往时要保持一定的距离，不能过分亲密。毕竟男女有别，青春期男孩与女孩已经开始发育，心理与生理也出现了明显的差异，不能再像童年时那么亲近了。

青春期男孩与女孩保持安全距离，不但能够避免早恋的发生，还可以在“异性效应”的作用下感受到与异性坦然相处的温暖和愉悦，享受健康美好的交往体验。保持安全距离并不是禁止男孩与女孩交往，有的父母曲解了安全距离的意思，看到男孩与女孩走得近，不分青红皂白就强行阻止他们的交往，导致男孩出现抵抗情绪，变得偏激与叛逆。实际上，异性交往还可以互补，科学研究表明，大多数男性比较擅长逻辑思维，而大部分女性则更擅长感性思维。因而异性之间在学习上相互帮助，在工作上相互配合，都能提高效率。虽然青春期男孩和女孩处于人生的特殊时期，感情容易冲动，但只要双方把握好友谊与爱情的界限，父母就无须紧张。

8 初恋很单纯，不要造成不可挽回的局面

朱莉是张洲的初恋，两人高一时就在一起了。经过两年的相处，高三上学期，朱莉决定跟张洲分手。她厌倦了张洲的孩子气，更要集中精力冲刺高考，希望两个人都能在考试中取得好成绩。但张洲不同意分手，他觉得自己仍然很喜欢朱莉，她不喜欢自己哪点他可以改，因而三番五次地纠缠朱莉，但朱莉始终无动于衷。恼羞成怒的张洲用短信、电话、微信、QQ对朱莉进行连番轰炸，朱莉不堪其扰，于是答应了张洲提出的要求，决定周三晚上跟张洲好好谈谈。

周三放学后，朱莉按照约定的时间来到了宾馆房间。让她没想到的是，张洲竟然会采取极端的方法发泄他的愤怒。张洲将她压在身下，不仅用肮脏的词语辱骂她，还侮辱了她。回家之后的朱莉不敢告诉爸爸妈妈，只能一个人躲在房间里哭泣。后来，虽然张洲没有再纠缠她，但那晚给朱莉带来的伤害并没有随着时间的消逝而

减轻。

两个月后，朱莉发现自己怀孕了，六神无主的朱莉只能向爸爸妈妈求助。得知真相的爸爸妈妈简直痛心疾首，朱莉爸爸带人去找张洲。张洲的爸爸妈妈得知后也非常震惊，他们万万没想到自己的儿子竟然会做出这样的事，因此极力地想要弥补朱莉。但是事情已经发生，无论如何都无法抹平朱莉心理和生理的痛苦。最后，朱莉的妈妈含着眼泪带朱莉去做了人流，并且给朱莉转了学。朱莉的父母虽然没有追究张洲的法律责任，但张洲也因为内心的自责日渐消沉，他的心中有了一个永恒的伤疤，他多么想找到朱莉向她忏悔，但是他知道朱莉对他只有满心的憎恨。

事例中的张洲之所以会做出那样冲动的举动，一方面是因为青春期荷尔蒙大量分泌，让他难以控制自己的情绪；另一方面，对初恋的执着也让他不能接受被别人分手的事实。因此，在教养青春期男孩的过程中父母不能跳过恋爱这一环节，一定要让男孩树立正确的爱情观。

在很多父母眼里，早恋是一个很严重的问题，他们在教育男孩的过程中总想跳过这个环节，担心过多地强调早恋会让男孩对谈恋爱更加跃跃欲试。其实，早恋并不可怕，可怕的是早恋的男孩与女孩不懂得自我保护，不懂得互相负责，更不懂得爱情有一定的保质期，过期之后两个人就会分开，因而导致早恋形成严重的后果。

因此，培养男孩正确对待恋爱的态度对男孩的成长是非常重要的。爸爸不仅要教会男孩在恋爱中保护自己，还应该教会男孩去接受恋爱中的不完美，对失去的爱情不强求，对爱过的人不怨恨，这样才能让男孩健康地长大成人。

第八章
青春期男孩如何与同学、朋友相处

进入青春期后，男孩从被父母呵护到越来越独立，置身更复杂的人际关系中，必须学会与同学、朋友正确相处。在教养男孩的过程中父母要引导男孩学会处理人际关系，从而帮助男孩更好地生存。

1 进入青春期，男孩该了解一点交际学

季晨已经读小学六年级了，在学校里他交到了几个好朋友，其中小海跟他的关系最好。小海是个学霸，跟季晨是前后桌，每当学习上遇到不懂的难题季晨就会向小海求教，小海每次都会热情地帮他解答。课下，两个人也经常一起踢球、跑步，就像亲兄弟一样。

这天晚上，季晨睡觉前跟妈妈说："妈妈，明天放学不用接我了，我会晚回来一会儿，我的好朋友小海过生日，他要请我们吃饭，吃完饭小海爸爸会送我回家的。"妈妈点点头，说："小海就是那个经常在学习上帮助你的同学吗？"季晨点点头："是的，就是他。他是我的好哥们儿！"妈妈又问他："那你的好哥们儿过生日，你有没有什么表示啊？"季晨皱起眉头："我会第一个跟他说生日快乐，还需要什么其他的表示吗？"妈妈笑着说："当然需要了。小海在学习上帮了你那么多，怎么说你也应该表达一下自己的感谢吧！"季晨很不解："好哥们儿之间还需要这样吗？"妈妈回

答说："当然，不只是好哥们儿，对父母、对爷爷奶奶也应该时常表达感谢。人要懂得感恩，没有人必须对你好，大家都是因为爱你所以才无微不至地照顾你。你的好哥们儿小海一定也是因为喜欢你，所以才热心地帮助你的。所以，对于关心你的人你难道不应该表达一下自己的感谢吗？"季晨若有所思地点点头，说："妈妈，我知道了。我现在就去做一张贺卡，当作礼物送给小海。"

很多孩子习惯了父母对自己无微不至的照顾，觉得父母对自己的好都是应该的，全然没有感恩之心。因此，在学校与朋友相处时也会延续同样的相处模式，对朋友的帮助全盘接收，而不知道表达感谢。在这一点上，男孩因为性格比较粗犷，心思没有那么细腻，更容易疏忽。在这种情况下，父母应该引导孩子学会感恩，不要总是无条件为孩子付出，否则更容易养成孩子索求无度的坏习惯。

对青春期男孩而言，不但要让自己变得身强体壮、内心成熟，还应该了解一定的人际交往技巧，处理好越来越复杂的人际关系。从呱呱坠地开始男孩就在父母无微不至的照顾下长大，随着渐渐成长，他们要走入幼儿园，走进小学，进入初中，在此过程中，男孩要学会在家庭之外的地方生活，也要学会和父母以外的人相处。他们必须了解交际学，才能更好地处理各种关系。

在这个世界上，每个人都是社会关系中的一员，都要面对和处理各种关系，青春期男孩也不例外。尤其是现代社会中，很多男孩都是独生子，习惯了在父母和祖辈的照顾中生活，根本不懂得如何与人相处，这也使得很多男孩在走出家庭后觉得很不适应，有些男孩甚至习惯了独来独往，都不知道如何与其他小朋友一起玩耍。其实在正式进入幼儿园之前父母就应该有意识地带着男孩与其他小朋友玩耍，这样才能培养男孩与人交往的能力。尤其是面对青春期男孩，爸爸更要引导男孩以男性的方式与同学相处，处理好各种人际关系。

在引导青春期男孩与人相处时，父母除了对他们进行说教之外，最重要的是以身示范，以自己的为人处世风格，教会男孩如何正确地与其他人相处。尤其是当男孩与同伴之间发生争执或者矛盾时，爸爸更要注意不能袒护男孩，而要引导男孩宽容地对待同伴，这样男孩才能得到朋友、同学的认可，拥有好人缘。

2 —— 拳头解决不了问题，只会让你孤独前行

一天，季晨回到家里的时候身上脏兮兮的，脸上还有轻微的伤痕，尽管他极力掩饰，妈妈还是发现了他的异常，因而赶紧追问他是怎么回事。季晨支支吾吾的，不愿意告诉妈妈真相。没过多久，爸爸下班回家，一看季晨的样子爸爸就猜到季晨一定是和同学打架了，因而开门见山地询问季晨："季晨，你和谁打架了？"季晨很惊讶爸爸居然能猜到真相，也意识到没有继续隐瞒的必要，因而对爸爸妈妈坦白："我和同桌小伟打架了，他把我的书弄到地上去了，就是不承认，所以我就和他推搡起来，最终打了起来。"

原本，季晨以为爸爸一定会责怪自己，所以一直低着头，不敢看爸爸。没想到，爸爸并没有生气，反而饶有兴致地问："那么，你和小伟谁赢了呢？"看到爸爸对结果如此感兴趣，季晨不由得放松下来，说："谁也没赢，都被打得鼻青脸肿。"爸爸情不自禁地笑了，说："其实结果远远不止鼻青脸肿这么可怕，因为更坏的结

果还在后头呢，你很快就会发现小伟不愿意搭理你了，甚至还会去找老师调座位，不再想和你坐一起了。据我所知你们班是有同学单独坐一张桌子的，也许小伟会成为那个同学的同桌，而只剩下你孤零零地坐一桌。”季晨惊讶地看着爸爸：“您怎么知道？”爸爸故弄玄虚地说：“因为武力只会是使人陷入孤独，这是一直以来的真理啊。”季晨很担心，因为除了这件事情之外，他和同桌小伟之间的相处还是挺愉快的，他可不想自己坐一桌啊！

第二天到了学校，季晨第一时间就向小伟道歉，然而小伟显然还在生他的气，根本不搭理季晨。季晨见状很担心，对小伟说：“小伟，请你原谅我吧，我一定不会再动拳头了，我保证。”小伟看季晨态度诚恳，才忍不住笑起来，说：“这还差不多，要不然，我真的不想和你同桌了。”季晨在心中长舒一口气：好险啊，差点和爸爸预测的一样，要不是及时跟小伟道歉，我真的要一个人坐一桌了。

青春期男孩总是容易冲动，也习惯于以最直截了当、效果却未必好的方式解决问题。如此一来，他们必然会更加烦恼。总而言之，青春期男孩一定要控制好自身的情绪，面对任何情况时，都要保持冷静和理智，这样才能建立良好的人际关系。要记住，除了在角斗场上，武力并不是解决问题的最好办法。

青春期男孩正处于体内荷尔蒙爆发的时期，在荷尔蒙的刺激下，他们很容易表现出冲动易怒的特征。这也是为什么青春期男孩喜欢动用武力，而很少能够理性克制自己的原因。面对青春期男孩，不管老师还是父母，都很担心他们因为一时冲动而做出过激的举动。要想避免这种情况的发生，父母要及时纠正男孩错误的态度，让他们发自内心地意识到，拳头非但不能解决问题，反而会使自己陷入被动的状态中，导致其他人对他们敬而远之，不敢与他们交朋友。现代社会是文明的，遇到问题也应该以文明的方式去处理。正如前文所说，父母要引导青春期男孩学会控制自身的情绪，成为情绪的主人，同样的道理，青春期男孩更要以理智控制自身的力量，而不要把力量滥用在不该用的地方。

众所周知，青春期男孩的自我意识越来越强，他们不愿意再当父母的小尾巴，而想要独立。对这个时期的男孩而言，最希望与同学、朋友在一起，从而表现出自己作为独立生命个体的魅力。从这个角度而言，青春期男孩是最渴望友谊而最害怕孤独的。拳头和武力恰恰会让青春期男孩陷入孤独，使朋友远离他们。作为男孩最崇拜的爸爸，一定不要给他们树立负面的榜样，如果爸爸本身崇尚暴力，那么在有了孩子之后也要渐渐地改变自己，教会男孩以理性和智慧处理问题，以爱与宽容接纳这个世界，而不是用拳头来说话。尊重与平等是和谐人际关系的基础，爸爸一定要告诉男孩，只有尊重他人才能得到他人的尊重，只有尊重自己的同学与朋友，才能收获美好的友谊。

3 —— 明辨是非，远离有害的朋友圈

上了初中之后，季晨终于拥有了自己的第一部手机，虽然是爸爸淘汰的二手手机，但是季晨已经很满足了。拿到手机的第一时间他就赶紧注册了QQ，下载了微信，马上加入了同学群。原来，班里的同学建了一个群，群里只有孩子，没有家长和老师。同学们在群里经常聊天，因为没有大人的监管，聊天的内容乱七八糟，吐槽老师、吐槽学校成了群里每天的必修课。有些要好的同学还彼此加了微信好友，就拥有了朋友圈。

每天忙完学习，写完作业，季晨就会浏览一圈朋友圈，在里面关注同学们的动态和消息。一开始，季晨每天只看十几分钟手机，随着时间的推移，他看朋友圈的时间也越来越长，最终他写作业都不安心了，总是迷恋于看朋友圈。有一次，有个同学因为和语文老师发生矛盾，所以在朋友圈里发泄情绪，说了很多不该说的话。结果季晨受到不良影响，对语文老师也越来越不尊重。有一天晚饭

时，季晨当着爸爸妈妈的面抱怨语文老师教学不好，布置作业太多。爸爸发现了季晨的异常，立刻翻看了他的手机，这才发现尽管季晨的朋友圈里都是他的同学和朋友，但氛围并不清净，而是乌烟瘴气。爸爸意识到了问题的严重性，找机会对季晨展开了思想引导和教育："季晨，对于朋友圈里的信息你一定要学会甄别，你的同学因为语文老师批评他所以不喜欢语文老师，他对语文老师的评价是带有偏见的，你不能受他的影响，也改变你的看法。之前你不是还跟爸爸说最喜欢语文老师吗？怎么能够因为同学的一句话就否定了自己对语文老师的认识呢？爸爸不会强制地没收你的手机，但是希望你能不受朋友圈的负面影响。"在爸爸的分析下，季晨也意识到了自己的问题，因而决定采纳爸爸的意见，屏蔽朋友圈，全身心地投入学习，提升自己。

近年来，通信技术的发展给人们的生活带来了巨大的改变。如果说十几年前手机还是身份和地位的象征，那么现在手机则成为每个人必备的生活用品，甚至连上小学的孩子为了方便与父母联系，也会带着手机去学校。互联网的便利与社交平台的不断发展让人与人之间的联系更加紧密，尤其是QQ、微信等社交平台的广泛运用更是在网络上把特定的人集合成一个小圈子，让人们除了能在现实生活中互动，也能在虚拟的网络世界里彼此交流。

然而，凡事有利就有弊，对心理发育尚不成熟、缺乏明辨是非能力的青春期男孩而言，网络上的不良信息、朋友圈的狭隘偏见都会对他们造成负面影响，让他们的认知出现偏差，形成错误的价值观。因此，爸爸在教养青春期男孩时一定要教会他们辨别网络信息的真假，培养他们独立思考的能力，引导他们树立正确的价值观。需要注意的是，不仅是网络上的朋友圈，在现实生活中爸爸也应该教会男孩有选择性地交朋友，让他们尽量结交那些品质优秀的朋友。所谓近朱者赤近墨者黑，优秀的朋友能够互相鼓励，互相监督，共同进步，让男孩的成长更加顺利。

4　面对校园霸凌，你该怎么办

季晨所在的学校里有几个高年级的男孩特别像小混混，经常在放学时堵住低年级的学生，向他们要钱要东西。低年级的学生敢怒不敢言，有的胆小的学生甚至不敢来学校。

有一次，季晨带着一双崭新的轮滑鞋去学校，这些小混混在课间的时候拦住季晨，向他索要轮滑鞋。季晨本身就是一个性格火暴的人，在与那几个小混混推搡的过程中被激怒了，随手抄起教室门口的板凳就砸到了一个小混混头上，将对方砸出了血。这下那群小混混群起而攻之，将季晨围了起来。季晨不是他们的对手，很快被打倒在地。同班同学看到季晨被围殴赶紧去叫老师，这才制止了这场混战。

最终，这件事情惊动了校长。季晨向校长说明了情况，并举报了那几个高年级学生平时的恶行。校长严厉地处罚了那几个高年级的学生，并给他们记了大过，但是同时也要求季晨写一份检查，因为是他先动的手。季晨不服气，坚决认为自己的行为没有错，不愿意写检查。校长无奈，只好打电话给季晨的爸爸，让他来学校面谈。

爸爸了解情况后也批评了季晨，季晨反驳道："明明是他们不对，我只是在维护自己的利益而已，动手打人有什么错，难道要我像其他胆小的同学一样，受了欺负不敢还手，自己转学吗？"

随着青春期的到来，男孩们的脾气会变得容易冲动。尤其是在面对复杂的校园环境时，男孩很容易做出不当的举动。事例中的季晨在面对校园霸凌时因为没有控制住自己的情绪而与对方大打出手，不仅自己受了伤，还受到学校的处分，归根到底，是因为他采取了错误的方式来应对。

如季晨所说，受到校园霸凌时一味逃避并不是好的解决办法。很多孩子在遭遇校园霸凌时因为担心受到更大的伤害，都会选择忍让，以为自己只要不反抗，对方就会停止对自己的霸凌。殊不知，这样正让自己陷入了可怕的恶性循环之中，一味忍让只会让对方得寸进尺。

但是，像季晨这样硬碰硬也绝不是好的应对方法。一则因为校园霸凌往往是多对一，一个人很难对抗小团体的欺负，最有可能的结果就是让自己受伤；二则用暴力对抗暴力也是一种违纪行为，一旦男孩养成用暴力解决问题的习惯，今后在生活中遇到冲突也会首先想到用暴力去解决，这对男孩的发展会造成负面的影响。

从心理学的角度而言，不管男孩是受暴者还是施暴者，他们的内心都会受到很大的伤害，产生心理畸变。受暴者无须多言，他们不但身体上承受了巨大的伤害，心灵上也承受着很多的压力。尤其是当受到凌辱时他们往往会对生命感到绝望，长大之后也依然无法摆脱阴影。面对校园霸凌现象，父母一定要足够重视，才能在孩子需要帮助的时候坚定不移地站在孩子的身边，引导孩子进行积极应对。

爸爸应该为青春期男孩做出榜样和示范，所谓言传大于身教，这样才能帮助男孩度过焦虑的青春期，给男孩指明成长的方向。当男孩在学校遭遇校园霸凌时，爸爸一定要抱着强硬的态度积极面对，这样才能给男孩足够的安全感。有的爸爸生性软弱，遇到事情总是喜欢退缩和逃避，男孩遇到校园霸凌时也不能及时挡在男孩的前面保护他们，在这样的爸爸的影响下男孩只会变得越来越懦弱。男孩一定要昂首挺胸生活在这个世界上，因而爸爸一定要教会男孩勇敢。需要注意的是，勇敢不是莽撞，很多男孩只有勇气，缺乏谋略，碰到校园霸凌只会硬碰硬，用拳头去解决问题，导致自己受到更严重的伤害。

还有一些父母觉得校园霸凌无非就是不懂事的孩子间的小打小闹，其实不然，校园霸凌的性质是非常严重的。因为青春期男孩体格不断健壮，但是思想还不成熟，因而必然会导致他们无法准确预估自己的莽撞举动带来的严重后果。在这个阶段，不管父母还是老师都应该密切关注青春期男孩，避免男孩因为一时冲动而做出追悔莫及的事情，给自己和他人带来严重的伤害。

5 宽容待人，能赢得更多的朋友

放学后，季晨怒气冲冲地回到家里，嘴里不停地叫嚣着："气死我了，我真想揍朱朱一顿，他简直太可恶了。"朱朱是季晨的好朋友，经常和季晨在一起玩耍，与季晨好得甚至可以穿一条裤子。季晨今天这是怎么了，突然这么憎恶朱朱？

爸爸没有追问季晨，而是任由季晨气呼呼地回到自己的卧室里，继续发泄情绪。过了大概半个小时，季晨终于出来了，看着爸爸不好意思地笑了笑。爸爸问季晨："你刚才怎么了？"季晨说："没什么，都怪可恶的朱朱，他太让我生气了。"爸爸皱着眉头看着季晨，季晨只好继续解释："其实也没什么，就是朱朱背叛了我，居然把我告诉他的秘密告诉了别人，结果全班同学都嘲笑我。"爸爸看只是个小问题不由得放松下来，说："原来如此啊，这么说，你给全班同学都带来了欢乐和笑声，对不对？"季晨认真想了想，点点头说："是的，可以这么说吧。"爸爸说："这一切都要感谢朱朱啊，是他让你成为全班同学的开心果，你应该感到荣幸。那么，你到底有什么秘密呢？”季晨认真地想了想，说：“也不是什么不能见人的秘密，说出来让大家开心一下也没有什么不好的。”爸爸终于等到自己想要的答案，因而对季晨说：“是啊，很多事情当时也许会生气，可是回过头去想一想，没什么大不了的。不过，为了这点小事情失去朋友可不应该。”季晨认真想想，觉得爸爸说得很有道理。

要想拥有良好的人际关系，收获更多的朋友，青春期男孩一定要学会宽容。别说是朋友之间了，就算是牙齿和舌头还会发生各种各样的摩擦，更何况是两个各具特点、活灵活现的大活人呢！

对青春期男孩而言，一些争执虽然能让他们通过辩论取胜，获得成就感，但是朋友之间一些无关紧要的问题，胜负真的那么重要吗？为了所谓的胜负输赢而输掉友谊是不足取的。所以爸爸除了要教会青春期男孩很多重要的知识，更要让他们拥有一颗宽容的心。

拥有一颗宽容的心，不但能让青春期男孩收获更多的喜爱，也能让他们自己变得更快乐、更幸福。原谅他人就是宽宥自己，当怀着一颗宽容的心对待身边的人时，青春期男孩就会发现自己也变得越来越乐观、越来越理性。

6 男人就该有几个一辈子的好哥们儿

每当看到爸爸的铁哥们儿来家里聚餐，季晨总是很羡慕他们亲密无间的样子。小时候他会问爸爸：“这是你的兄弟吗？”爸爸总是告诉小季晨：“不是兄弟，胜似兄弟。”季晨稚嫩的心灵期待着自己有一天也能有这样“不是兄弟的兄弟”。

有一次，朱朱又不小心得罪了季晨。面对气冲冲的季晨，爸爸不作声，因为他希望季晨能够自己消除负面情绪，意识到友情的珍贵。这次朱朱没有和季晨计较，而是在周末的时候带着妈妈亲手做的蛋挞来到季晨家中，找季晨玩。看到朱朱的那一刻，季晨心中所有的不满都消失了，他知道自己应该和朱朱和好如初，也知道自己应该原谅朱朱，宽容自己。

在不断地相处和磨合中，朱朱和季晨成了像兄弟一样的好朋友，没有人能撼动他们的友谊，也没有人能让他们彼此之间产生误解，信任铸就了他们的友谊之路，也让他们在人生道路上携手并肩，越走越远。

对男人而言，一辈子总要有几个好哥们儿，这样才能在郁闷、焦虑不安的时候与哥们儿一起喝茶饮酒，谈天说地，释放心中的负面情绪。好哥们儿绝不是随随便便、普普通通的朋友，而是彼此珍惜的朋友。对男人而言，一生之中能有几个好哥们儿是值得庆幸的。

很多青春期男孩都渴望能拥有一辈子的好哥们儿，却不知道好哥们儿需要互相珍惜，亲密相处，给予对方最长久的陪伴和最真诚的守护。青春期男孩因为心理不成熟，在与好朋友发生矛盾时总是很轻易地就说再见，对于友情不够珍惜。这种轻易放弃的态度显然是不足取的。对于友情，不管多么艰难都要坚持不懈，以最佳的态度应对，也不管朋友是否曾经伤害或者违背自己都不要轻易说放弃。要相信，真正的朋友也许会吵吵闹闹，但他们总是能够彼此谅解、互相扶持。

7 —— 男子汉说到做到，别对朋友食言

到了初三，季晨和朱朱都已经成为小伙子了，为了缓解学习压力，他们相约去爬香山。季晨和朱朱信誓旦旦，约定放学回家后就跟父母商量要钱，然后等到“五一”假期就去香山。朱朱费了很大的口舌才征得了父母的同意。

到了学校，朱朱第一时间问季晨准备得怎么样了，不想季晨却对朱朱说：“朱朱，我想了想，咱们俩也太小了。要不我们等到高一再去吧，这样比较安全，你觉得呢？”朱朱有些生气：“你到底想不想去呀？”季晨不好意思地说：“我觉得有些危险，不想去了，所以没和爸爸妈妈说。”听了季晨的话，朱朱气得扭头就走：“你知道我为了征得爸爸妈妈的同意费了多大的劲儿吗？你这样轻描淡写的一句就放弃了，我以后再也不相信你说的话了。”

对于初三的大男孩而言，几个孩子结伴去公园爬山，完全是可

以的。最重要的是季晨已经和朱朱说好了却又违背诺言，放弃去登山，导致朱朱一切准备都白费了，这才是最让朱朱生气的。男子汉一定要一诺千金，言必信行必果，是很有道理的。在战国时期，为了推行新法，商鞅立木取信，就是为了证明自己的确是有信誉的。也正是因为立木取信，商鞅才能顺利推行自己的法律和政策，由此让秦国的面貌焕然一新。

虽然我们不是商鞅，却也必须以诚信待人。人与人之间建立信任是很难的，因而每个人都要像爱惜自己的身体一样爱惜信誉，不要在得到他人的信任之后毫不珍惜。人并非生而就有信誉，要想赢得他人的信任，就必须从小处着手，点点滴滴不断积累，才能最终构建信任的大厦。

人无信不立，这句话并不仅仅针对成人而言，对青春期男孩来说，要想让自己在朋友和同学之间树立威信，就要言而有信。否则，如果总是把自己的话当成是一阵风，说过就忘，只怕再也没有人愿意相信他们。所以青春期男孩一定要爱惜自己的信誉，不要总是把自己说过的话抛之脑后，更不要轻易放弃许下的诺言。

8 —— 懂得与人合作，学会与人分享

高中时期的学习生活和季晨想象得有些不一样，在高中之前，季晨已经习惯了独立学习，然而到了高中，他时常面对自己无法解决的难题，总是需要向同学求教。一开始，季晨总觉得自己浪费了同学的宝贵时间，因而对同学很愧疚，后来，季晨发现自己也可以帮助同学，这样一来心中就没有那么失衡了。

有一次，季晨和几个同班同学参加了电视台的一个节目，这个节目几乎每个比赛项目都需要通过团队的合作才能完成。一开始，季晨很兴奋，觉得自己都上电视了当然要好好表现一下，不能被其他人抢了风头。没想到，在前两个项目中因为季晨总是爱出风头，破坏了整个团队的团结，导致输了两局。幸亏季晨还算机智，他意识到自己的问题后马上改变自己，调整策略，最终与其他队员一起齐心协力，赢得了比赛。

实际上，随着不断成长，青春期男孩从渴望独立、追求独立到渐渐意识到自己是群体的一员，开始学着与他人合作，与人分享，这是一个循序渐进的过程，就是在这个过程中，青春期男孩渐渐地走向成熟。

现在的孩子习惯了在父母无微不至的照顾下生活，习惯了接受父母无私的付出，唯独没有习惯感恩和回馈父母。当一个孩子被父母骄纵宠爱惯了，不懂得与他人分享和合作，可想而知他在生活和工作中都会举步维艰。通常家庭教育很容易忽略分享习惯的养成与合作意识的培养，但是从孩子进入幼儿园开始，老师就会引导孩子们学会分享与合作。在这种情况下，父母应该与老师配合，向孩子灌输分享合作的观念，帮助孩子养成团队意识。尤其是对于男孩，爸爸更要以身示范，教会男孩分享，引导男孩与他人合作，唯有如此，将来男孩在面对生活和事业时才不会因为缺乏合作意识而发展受限。

现代社会并不推行个人英雄主义，一个人即使能力再强也要学会与人合作，因为只有合作才能共赢，才能尽快提升和完善自己，最大限度地发挥自身的价值，实现自己的梦想。

第九章 青春期男孩如何与父母相处

对青春期男孩而言，学会与父母相处是非常重要的。这不仅关系到家庭人际关系的构建，而且对男孩未来能否处理好人际关系、能否拥有更多的朋友、收获更多的友谊都有一定的影响。从本质上而言，与父母相处实际上是青春期男孩处理人际关系的第一步，必须慎重对待。

1 —— 成熟男人要懂得换位思考，倾听父母的建议

子清读初二了，学习上正面临巨大的压力，因而时常感到焦虑。尤其是最近，他总是郁郁寡欢，不知道如何协调学习和兴趣之间的关系。对于子清的苦恼，爸爸妈妈看在眼里，急在心里。有段时间，班里很多同学都报名参加了课外补习班，子清很清楚自己不能落后，也央求着爸爸妈妈为他报名补习班。看到子清如此积极上进爸爸妈妈当然很欣慰，但是当子清已经报名了语数外三门还想报其他课程时，爸爸经过思考，给予了子清合理的建议。

爸爸对子清说："报名补习班只是为了查漏补缺，归根结底，还是要以学校的学习为主。如果你因为参加补习班导致没有足够的精力搞好学校的学习，那么你就会得不偿失。"子清显然有些焦虑，爸爸的建议他丝毫没有听到耳朵里。他对爸爸说："我能坚持的！其他同学都能学好几门，我也能。"爸爸摇摇头："学习不是目的，最大限度激发出自身的能量，让自己对学习产生真正的兴

趣，这才是最重要的。对于学习，不能涸泽而渔，而要保持可持续发展。”子清一开始觉得自己在报班的数量上一定不能比其他同学少，也觉得爸爸可能是因为不舍得花更多的钱为他报班，所以才做出这样的建议。然而，经过爸爸的一番劝说，子清也进行了思考：爸爸妈妈都希望我有美好的未来，在有能力的情况下一定会积极地支持我学习。如果我是爸爸，我也许会给孩子报更多的课外补习班，但是如果我希望孩子不要本末倒置，那么我也会像爸爸一样给予孩子中肯的建议。思来想去，子清意识到爸爸说得很有道理，最终接受了爸爸的建议。

在这个事例中，如果换作其他父母，一定会对子清全力以赴要学习的态度和行为感到欣慰。幸好，子清爸爸不是盲目逼着他学习的人，爸爸很清楚子清应该正确认识学习，认识学校学习与课外补习的目的和意义。因此，爸爸丝毫没有强求子清去报更多的补习班，反而劝说子清理智对待学习，帮他分析了目前的主要任务。子清理性地对待爸爸的建议，最终做出了正确的选择。

青春期男孩一定希望自己在学习上有非常出色的表现，然而，学习从来不是一蹴而就的，它需要漫长的积累。正如人们常说的，这个世界上从来没有从天而降的成功，所以每个青春期男孩都要对学习怀有正确的态度。记住，学习只是人生一个阶段的目的和任务，不是人生的终极目标。唯有最大限度激发出对于学习的兴趣，让学习摆脱形式的束缚，回到本真，青春期男孩才能够积极主动地学习，幸福快乐地学习。

很多时候，父母与子女之间的矛盾之所以层出不穷，就是因为他们彼此都站在自己的立场上思考问题，而不愿意站在对方的立场上去解决问题，无形中他们就把自己置于和对方对立的位置，最终产生更多的误解。因此，哪怕亲如父母子女，也应该尽量换位思考，才能了解对方的良苦用心，才能真正地与对方亲密无间。

2 —— 请大胆地和父母说：你们应该这样爱我

子清的爸爸是个非常细心的人，他很清楚青春期对子清来说是成长的关键时期，如何度过青春期对子清今后的生活有非常重要的影响，因此，他总是抱着严格看管的态度对待子清，这让子清觉得很压抑。尤其是妈妈，原本就对孩子的青春期非常紧张，在爸爸的影响下也变得更加焦虑，时时刻刻都想把子清绑在身边。

一天，子清和同学约好一起去看电影。初二的男孩独自和同学去看电影其实没关系，但是偏偏子清妈妈放心不下，一定要跟着一起去。在子清的强烈反对下妈妈答应子清只跟到电影院门口，而且在同学面前会装作不认识子清。看到妈妈如此偏执，子清最终放弃了看电影，郁郁寡欢地留在家里看书。

晚上爸爸回到家，看到子清不高兴的样子，觉得很纳闷："子清，你不是和同学一起看电影去了吗？为什么这么不开心啊，难道电影不好看吗？"子清摇摇头，说："我不知道电影好不好看。"

爸爸更惊讶了。子清非常认真地对爸爸说："爸爸，您和妈妈能不能商量一下，不要再把我看得这么死了。我已经长大了，可以自己照顾自己，有些事情你们也应该放手让我自己去做了。就像今天，妈妈非要跟我去电影院，这会让我在同学面前很没面子。我知道你们是担心我，我可以到了电影院给你们打电话报平安，我不想这样被监视。"子清特意加重了"监视"二字的语气，爸爸察觉到了子清内心的苦恼与愤怒，觉得有些尴尬。爸爸问："那么，你希望我和妈妈怎么对你呢？其实我们都是为了你好。"子清似乎不堪重负，深深地叹了一口气："我当然知道你们都是为了我好，只是这种好让我觉得很压抑。你们要是不能改变，我真的不知道该说什么了。我只是想让你们不要自以为是地对我好，把你们认为好的都强加给我，而是要像我希望的那样对我好，我想这样我们才会相处愉快。"

听到子清坚决的话语，爸爸意识到了问题的严重性，决定和妈妈认真谈一谈，看看怎样才能与子清相处得更好。

很多父母都有和子清爸爸妈妈一样的问题，即总是把自认为好的东西给孩子，却从未问过孩子真正想要的是什么。对子清爸爸妈妈而言，当孩子否认他们的付出、对他们付出的方式表示反感时，他们也会觉得很委屈，毕竟他们把一切最好的都给了孩子。如果孩子不说，他们也许永远不知道自己的好不受欢迎。青春期男孩如果想得到父母恰到好处的关爱与照顾，应该主动及时地把自己的感受告诉给父母，这样父母才懂得如何正确地去爱。

爱孩子固然是父母与生俱来的本能，如何爱孩子却需要每一个父母认真去学习和感受。父母这份伟大的职业与其他任何工作都截然不同，因为很多工作的对象都是固定的物体，是冷冰冰、没有血肉感情的，而父母面对的孩子却是活生生的人，且会随着时间的不断推移而成长，身心都会发生巨人的改变。对父母而言，只有爱是远远不够的，还要跟着孩子成长的节奏而成长，这才是最重要的。

尽管父母生养了孩子，却未必能够对孩子所有的需求都了然于心，尤其是随着孩子不断成长，渐渐走入青春期，孩子在身心方面的需求都会更加多样化。在这种情况下，父母要主动了解孩子，孩子也要学会向父母吐露心声。就像事例中的子清，如果他不告诉爸爸妈妈他的感受，爸爸妈妈如何能够改变爱他的方式，以他喜欢的方式更好地陪伴他成长呢？即便亲如父母子女，也要注重彼此间的沟通和相互的理解体谅，这样才能让爱以更好的姿态成长。很多父母或者孩子抱怨亲子关系不好，实际上这并非由任何客观原因导致的，最重要的原因就在于亲子沟通不顺畅。沟通是桥梁，是亲子间的感情通道，也是维护亲子感情的纽带。青春期的孩子尤其是不善表达的男孩，要主动地告诉爱你的家人你的真正需要，这样爱才能以更好的方式存在，也才能给予相爱的家人更好的感情体验。

3 —— 主动和父母沟通，爱能化解一切矛盾

最近，子清的学习成绩出现了较大的波动，老师通过观察发现子清和班里的一个女孩陈妤相处过密，有可能是早恋。因此，老师特意打电话把子清的爸爸妈妈叫到学校，当面沟通子清的情况。得知子清早恋，妈妈当即变得很紧张，一个劲儿地说回家之后要好好教训子清。爸爸则相对理智，答应老师回家先问问情况，再做处理决定。

当晚回家，妈妈没心情做饭，只是简单地炒了两个青菜，就等着子清回家。然而，当爸爸妈妈如同审犯人一样质问子清是否早恋时，子清一言不发地回到房间锁上门，任由爸爸妈妈在外面怎么敲门也不开。子清暗暗想道：既然都不相信我，还有什么必要交谈呢？为此，任由爸爸妈妈在外面急得满屋子转，子清就是不吭声。

后来，子清出来准备洗漱时，看到爸爸妈妈如同斗败了的公鸡一样垂头丧气坐在客厅里，他又有些不忍心了。他走到爸爸妈妈面

前，说：“爸爸妈妈，请你们相信，我没有早恋。我和陈好只是普通的好朋友，比一般的同学关系更好一些，因为我们彼此能了解对方的想法，在一起聊天很开心，仅此而已。”听了子清的回答，爸爸妈妈依然提不起兴致。原来子清刚才的态度深深地挫伤了他们，让他们意识到自己是不被信任的。子清感受到父母内心的挫败感，也有些内疚，因而坐下来和爸爸妈妈谈了自己的想法。最终他们在对彼此的爱中和解了。

在这个事例中，子清和父母一开始都很受伤，因为他们理所应当地觉得对方应该了解自己、信任自己，而没想到出现问题时，对方还需要经过确认才相信自己。一旦产生这样的误解，亲子关系就会走入误区，导致双方难以沟通和协调。实际上，因为有血缘关系和浓厚的亲情作为基础，亲子关系是这个世界上最亲密的关系，只要彼此都能打开心扉，以尊重、理解和信任对方的态度相互沟通，很多难题和误解都会迎刃而解。

父母辛辛苦苦地把孩子抚养长大，并不意味着他们能够洞察孩子的内心，了解孩子的一切烦恼忧愁。所以很多孩子在受到委屈的时候总是奢求父母能够完全理解和体谅他们，这实际上是错误的。每个人都是这个世界上独立的生命个体，每个人都有自己的喜怒哀乐，父母也是如此。很多父母都承受着巨大的压力，不但要辛苦地工作，还要全力照顾家庭，尤其是当孩子处于青春期时，他们还要帮助孩子面对各种各样的困惑和烦恼。反过来看，很多孩子已经习惯了父母长久以来无微不至的照顾，因而他们不把父母的付出看在眼里，更不会放在心上，当父母觉得内心焦虑不安时他们还往往不能体谅，甚至很多冲动的青春期男孩还会故意与父母对着干。

青春期男孩在成长的过程中必然会遭遇很多困境，面对很多烦恼。在这种情况下，一定要与父母好好地沟通，才能化解矛盾。当亲子双方都觉得委屈，都觉得对方应该能完全理解自己时，矛盾也就应运而生。不管是父母，还是男孩，唯有更好地以沟通为桥梁，更多地体谅对方的苦衷，才能最大限度相互理解，解开矛盾。如今，太多的孩子不知道感恩，也有太多的孩子面对父母的辛苦付出无动于衷，如果亲子之间能够及时进行沟通，也能设身处地为对方着想，那么一切亲子之间的矛盾和难题都会迎刃而解。

青春期男孩一定要怀着积极的态度与父母沟通，要相信父母一定是为自己好的，而且也是能够最大限度包容和理解自己的，这样亲子关系才能有良好的基础和开始。总而言之，每个处于青春期的男孩都是迷惘的，需要父母的帮助和指导。既然如此，男孩们就主动向父母求助吧，相信父母一定会放下手中所有的事情，拼尽全力给予最好的指引。尤其是当与父母发生矛盾时，很多青春期男孩因为性格倔强，总是沉默不语，甚至与父母赌气怄气，这都是非常不应该的。对于父母，青春期男孩应该怀着感激的心，聆听父母真诚的建议与劝勉，主动理解父母的苦心。

4 接纳父母的想法，试着与父母好好相处

随着子清慢慢长大，爸爸妈妈有些遗憾地发现，子清越来越不喜欢待在他们身边了。子清似乎迫不及待地想要长大，希望自己尽快羽翼丰满，能够离开家。对此，爸爸妈妈既感到高兴和欣慰，也感到深深的失落：曾经那么依赖我们的小生命长大了，就要彻底从原生家庭剥离，开始属于自己的人生。而家里只剩下我们，依靠着养育孩子过程中点点滴滴的辛苦回忆感受温暖和幸福。

在子清应该去哪所学校读高中这个问题上，爸爸妈妈和子清产生了分歧，甚至发生了争执。子清想去离家远的高中读书，而爸爸妈妈觉得家门口的高中就非常好，这样照顾起来也比较方便。不想子清的态度很坚决，他很想远离父母开始住校生活，因而决定拒绝父母的建议。

正在他们争执不休时，子清突然患上了严重的感冒，妈妈也被子清传染了。这时，妈妈对子清说："子清，如果你离家太远，妈

妈就无法马上去看你。如果爸爸妈妈生病了，你也无法抽时间回家看望我们。而且，等上了大学你会离家更远，就不能再给我和爸爸与你亲密相处的三年时光吗？”妈妈的话使子清陷入了沉思，恰好电视台正在播放公益广告，看着屏幕上的妈妈从年幼时的蹦蹦跳跳到年老时的弯腰驼背，直到最后化为孩子手上的一件衣服，子清不由得潸然泪下：我为什么要这么急迫地离开家奔向自由呢？父母为了我付出了最美好的青春年华，我就不能再多陪伴他们几年吗？也许以后真正离开家，想陪伴在他们身边都不可能了。子清瞬间改变主意，决定采纳父母的建议。

从对父母的完全依赖到渐渐长大，迫不及待地想要离开父母，再到彻底离开家后想念曾经依偎在父母身边的日子，几乎每个人都会经历这样的心路历程。大多数青春期男孩都处于迫不及待想要离开家的心理状态中，这是因为他们在十几年的时间里一直接受父母的照顾，因而渐渐地感到厌倦。正所谓熟悉的地方没有风景，当男孩习惯了父母十几年如一日的照顾后，也会渐渐对父母的爱与付出不再珍惜，直到失去的那一天才会无比怀念。

因为思考问题的出发点不同，也因为人生经验相差甚远，所以在看待问题时父母与孩子之间总会产生很大的分歧。在这种情况下，青春期男孩如果过于偏执，总是故意和父母对着干，那么父母一定会伤心。当然，父母也要注意说服男孩的方式方法，不要一味地压制男孩，更不要强迫男孩接纳父母的建议，过激的方式只会让男孩对父母的反抗变本加厉。对青春期男孩而言，他们最想得到的是父母的尊重、理解和认可。所以很多情况下，在充满爱与自由的环境下长大的男孩更容易接受父母的想法，采纳父母的意见。

青春期男孩一定要记住，父母为了抚养孩子都付出了无尽的辛苦和努力，与其与父母对着干、伤父母的心，不如试着理解父母的想法，与父母好好地相处。在付出爱与包容后，青春期男孩一定能与父母相处得很好，也能够把亲子关系推入更和谐美好的境地。

5 父母也有控制不住自己情绪的时候

乐乐是一名小学五年级的学生，虽然才十一岁，但是已经进入青春期，和父母之间时常爆发争吵。因为妈妈平时主管乐乐学习，所以为了写作业的问题，妈妈与乐乐更是三天一小吵、五天一大吵。在这样的状态下，原本就性格急躁的妈妈总有控制不住自己情绪的时候，时常说出让乐乐伤心、让自己懊悔的话。

自从妈妈给乐乐布置了少量的课外作业之后，妈妈就发现在接连十几天的时间里，乐乐都要到晚上十点多才能完成作业。要知道，乐乐可是三点放学，三点半就到家了。写作业怎么会花五六个小时呢？妈妈无论如何也想不通。妈妈从其他家长那里了解到，大多数孩子六点左右就能完成学校的作业，晚饭之后还会完成课外辅导班的作业。但乐乐没有课外辅导班，妈妈布置的课外作业也不多，他却总是拖延这么久。思来想去，妈妈断定乐乐在和她耍心眼，故意拖延完成作业的时间以防止给他布置更多的课外作业。

为了提升乐乐写作业的速度，也让乐乐意识到他的小计谋无法得逞，妈妈要求乐乐坐在自己的办公桌前完成作业。乐乐冰雪聪明，当然也知道妈妈的用意，因而赌气把作业本摔到妈妈的办公桌上。这个举动一下子就激怒了妈妈，妈妈气得把乐乐的作业本和练习册撕掉，还把台灯也扔到了地上。实际上，妈妈知道这是自己心中压抑十几天的怒火爆发了，看着被撕毁的作业本和练习册，妈妈觉得很后悔，但是她当时真的控制不住自己歇斯底里的脾气。

父母也是人，尽管对孩子有着无穷无尽的爱，有时却也难免会在“熊孩子”的刺激下变得歇斯底里，完全无法控制心中愤怒的情绪。在这种情况下，父母很容易因为冲动做出伤害自己和孩子的事情。

在之前热播的电视剧《急诊科医生》中，一个妈妈因为女儿的考试成绩不理想生气地打了女儿一巴掌，没想到性格暴烈的女儿一下子就喝掉了家中的剧毒农药。尽管女孩第一时间被送去医院救治，医生更是想尽了各种办法，但都无法降低她血液中农药的浓度。最终，医生不得不放弃治疗，让爸爸妈妈带着那个可爱的女孩回家。虽然女孩看起来和常人无异，但是她的所有内脏都会在含有毒性的血液作用下渐渐衰竭。可想而知，这样的结果是每个父母都不想看到也无力承受的。偏偏如今很多孩子都性格暴烈，与女孩相比，青春期男孩原本就冲动，更容易做出过激的举动。为了避免此类事件发生，父母一定要先采取措施控制自身的情绪，理智地引导亲子关系朝着好的方向发展。

很多事情的发生就在转瞬之间，而且后果非常严重，根本无法弥补。父母既然知道青春期男孩容易冲动，就应该在亲子之间发生矛盾的时候占据主导地位，起到积极的引导作用，避免事态恶化。青春期男孩也应该让自己更理性，不管什么时候都要牢记，只有父母才是这个世界上最爱自己的人，避免把自己与父母的关系推向极端。

6 被父母误解该怎么做

原本妈妈规定陆仟每天晚上九点洗漱，九点半上床睡觉。一直以来，陆仟都能把规定执行得很好，因为有了充足的睡眠，所以他第二天也能早早起床，按时到校。

然而，这一天晚上已经九点半了，陆仟依然神秘兮兮地坐在书桌前，迟迟不愿意去洗漱。每当妈妈催促他的时候他总是拖延，而当妈妈靠近的时候他又赶紧把正在写着的东西遮挡起来，坚决不给妈妈看。直到十点钟陆仟才去洗漱，十点半才上床睡觉，比平时晚了整整一个小时。

第二天早上，妈妈喊陆仟起床去上学，陆仟果然觉得很困倦，不愿意睁开沉重的眼睛。看到陆仟的状态，妈妈生气地说："你一定是昨天在学校里被老师罚作业了，所以才会那么晚。这下子好了，起床都起不来，一会儿迟到了还要继续被批评。"陆仟委屈地说："我没有被罚作业。"妈妈不相信陆仟的话，继续抱怨："怎么可能没被罚作业呢，以前你八点就完成作业了，昨天可是到十点啊，你两个小时都在写作业，老师布置作业不可能有这么大的弹性变化吧！”陆仟更委屈了，睡眼惺忪地拿出自己赶时间制作的贺卡给妈妈，说：“妈妈，今天是您的生日，我昨天上学忘记给您买礼物了，所以晚上赶制了一张贺卡。”妈妈拿着陆仟精心制作的贺卡，突然不知道该说什么了。

面对妈妈的误解，陆仟没有生气，这是因为他知道妈妈哪怕误解他、批评他，也是为了他好，也是为了让他保持早睡早起的好习惯，保证上课时精神抖擞地听讲。因此，他明知道自己被误解也没有辩解，而是把能够证明真相的贺卡送给妈妈，祝福妈妈生日快乐。可想而知，虽然陆仟没有解释什么，但妈妈也一定会深刻地反思自己，提醒自己下次不要再误解孩子，让孩子受委屈。

很多青春期男孩性格倔强、脾气暴躁，不能承受任何人对自己的误解。一旦发现父母误解了他们，哪怕他们很清楚父母为了他们付出了很多也还是会非常生气，甚至当场就与父母顶撞起来。其实，这样的做法是完全错误的，而且也会让父母非常伤心。青春期男孩必须知道，父母也是人，不可能完全了解孩子的内心，亲子之间也需要好好地沟通。

孩子小的时候，父母能对孩子的吃喝拉撒等生理需求照顾到位，随着孩子不断成长，心思越来越复杂，父母就无法完全了解孩子了。在这种情况下，要想避免发生误解，青春期男孩应该积极主动地与父母沟通，把自己的所思所想甚至是身体状态都告诉父母，哪怕亲如父母子女，也需要用沟通架起桥梁，才能保证相处顺利且愉快。

7—— 自己的事自己做，你不可能一辈子依赖父母

陆仟是个很懂事的孩子，唯一的不足之处就是太依赖父母，而且很懒惰。例如每到周日，陆仟都会睡到十一二点，直到妈妈把午饭都做好了才起床。其实小时候的陆仟还比较勤快，妈妈一做饭他就会搬个凳子在旁边看着，时不时地给妈妈帮忙。后来，陆仟还尝试着洗衣服、洗菜、刷碗，但是妈妈每次都会制止。因为妈妈觉得陆仟总是把水弄得到处都是，不但帮不上忙，反而会导致家里更忙乱。渐渐地，陆仟就习惯于接受现成的，不管什么事情都不再插手了。

陆仟渐渐长大进入了青春期，妈妈依然什么都不让陆仟干，所以陆仟理所当然地认为自己在家里的唯一义务就是享受。有一天，妈妈因为身体不舒服，让陆仟把买好的韭菜择洗干净，陆仟很不乐意："今天非要吃韭菜吗？那么难择洗，还不如不吃呢，要吃好清洗的菜。"妈妈无奈地说："你不是爱吃韭菜吗？所以我就买了，要是不吃就会烂掉，就是浪费。"陆仟敷衍了事，最终还是没择洗

韭菜。妈妈抱怨陆仟："你这个孩子真懒啊，什么都不想干。"陆仟不以为然地说："您不是从来都不让我干吗？老说我帮倒忙。"听到这句话，妈妈很无奈。

事例中的情况时有发生，即父母因为怕孩子不会干，所以拒绝孩子为家里做一些事情。殊不知，如果在孩子需要锻炼的时候不给孩子机会，等到父母真正需要孩子分担时，孩子就真的什么也不会干。西方国家的孩子之所以自理能力很强，是因为他们小小年纪就开始帮父母干活，虽然一开始干得不好，但是时间长了，他们的能力就会越来越强。因而从父母的角度而言，千万不要觉得孩子干不好，害怕孩子给自己添麻烦而拒绝让孩子自己动手。每个人的成长都是循序渐进的，父母一定要给孩子充足的成长空间，让孩子在不断的尝试和学习中提高自己的能力。

现在的大多数家庭都只有一个孩子，因此，父母总是把孩子看得比天还大，对于孩子的一切事情都万分小心，包括爷爷奶奶、姥姥姥爷在照顾孩子时也总是战战兢兢，生怕哪个地方做不好，对孩子造成伤害。可以说，现在的孩子是集万千宠爱于一身，他们从一出生就享受着父母和祖辈无微不至的照顾，他们的愿望和要求几乎马上就能得到满足，从来不会受到任何委屈。渐渐地，孩子们就养成了坏习惯，即衣来伸手、饭来张口，从来不为任何事情操心，遇到所有的困难第一反应就是找爸爸妈妈解决。如此一来，可想而知，孩子们虽然在学习上被培养得很优秀，生活能力却很低。他们不仅不会做日常生活中的很多小事，等到父母老了需要他们照顾的时候，他们也完全束手无策。

还记得前些年，曾经报道过大学生因为不会铺床而只能坐在硬铺板上一夜，因为从未见过带壳的鸡蛋而眼睁睁地看着鸡蛋却无从下嘴的新闻，当时很多人都声讨大学生眼高手低、自理能力太弱，却从未思考过造成这种局面的原因是什么。孩子天生就有学习的本能，所以他们才能排除万难学会走路、吃饭、穿衣服等。为什么在生活其他方面他们的能力却这么弱呢？主要原因就是父母对他们过于溺爱，不给他们机会去尝试和学习。时至今日，依然有很多父母对孩子采用这样的教育方式，而丝毫不知道这样的溺爱对孩子而言是伤害。

作为青春期男孩，在意识到父母对自己过于溺爱之后，一定要坚决抵制这种溺爱，不要一味地享受。要知道，父母不可能永远陪伴在孩子身边，即使再爱孩子的父母也终究会老去。有一天，他们非但不能照顾孩子，还需要孩子照顾他们。可想而知，当什么都不会做的孩子面对失去生活自理能力的父母，情况该是多么令人抓狂。青春期男孩与其等到父母无力承担生活时再手足无措，不如从现在开始就有意识地锻炼自己各个方面的能力。所谓未雨绸缪，只有先把该想的事情想到前面、该做的事情做到前面，人生才能顺遂如意，水到渠成。

8 —— 那些难以启齿的小秘密不妨和爸爸说说

最近这段时间，陆仟发现自己的身体发生了很多的变化，例如他的私处长出了很多小毛毛，而且几乎每天早晨他都会发现自己有了“擎天柱”，最重要的是他还会在睡梦中遗精。这让陆仟很担心，因为他不确定自己是否生病了，也不确定自己到底要如何面对这一切。

因为心中藏着许多困惑，陆仟总是情不自禁地走神，上课时无法做到全神贯注。老师发现了陆仟的异常，赶紧联系陆仟爸爸，希望爸爸能对陆仟多加关注。爸爸很聪明，没有第一时间询问陆仟的情况，而是在生活中观察陆仟，这才发现陆仟已经进入青春期，遇到了很多难以启齿的小秘密，所以才总是心事重重的样子。陆仟没有主动说起，爸爸猜测他可能是因为害羞不好意思寻求帮助，因而特意选购了几本关于青春期的书给陆仟看。看到爸爸这么“善解人意”，陆仟终于改变态度，渐渐地开始和爸爸分享自己的小秘密。

男孩进入青春期后，不但身体上会发生很多变化，心理和感情也会有很大改变。面对青春期男孩，父母一定要多加关注，及时了解男孩的身心变化，才能有的放矢地帮助和引导男孩。否则，任由男孩误打误撞、求助错误的人、接受错误的知识，问题就会更加严重。

总而言之，青春期是人生中的特殊时期，尤其是对男孩而言，青春期内荷尔蒙大量分泌，导致他们更加冲动易怒。青春期是男孩从孩子走向成人的过渡阶段，如何度过青春期对男孩的一生都有重要的影响。

除了身心发展之外，青春期男孩还会面临很多方面的困境和苦恼，例如如何与同学相处、有了喜欢的女孩怎么办、如何才能提高学习成绩、怎样才能得到老师和同学的认可等，对心思敏感的青春期男孩而言，这些都是必须解决的难题，也是父母必须多多关注的方面。每个男孩的成长都是漫长又复杂的过程，父母一定要对青春期男孩的成长投入更多的关注，耐心陪伴男孩度过敏感的青春期，引导男孩走上正确的人生道路。

第十章
远离网络危害，健康快乐成长

网络之所以吸引未成年人，主要是因为网络中有好玩的游戏、海量的信息以及相对自由的交往环境。但是，在向人们的生活提供便利的同时，网络也会对人造成负面的影响。因此，青春期男孩一定要理智甄别网络上的各种信息，远离网络危害，健康快乐地成长。

1 为什么你会上网成瘾

小学阶段班里有很多男生都喜欢玩网络游戏，但是小齐从未接触过，因为他的家里没有网。爸爸妈妈周末加班时会提前为小齐准备一些方便食用的食物，小齐就留在家里看电视看书，非常安静。进入初中之后，家里装了网络，班里的同学约小齐上线一起玩游戏，小齐才开始接触网络游戏。也许是因为整个小学阶段从未玩过网络游戏，所以小齐特别痴迷，几乎每时每刻都想着游戏，恨不得一天二十四小时都能上网。

然而，平时因为要写作业，小齐几乎没有时间玩游戏，只有周末爸爸妈妈都不在家的时候，他才能无所顾忌地玩游戏。有的时候因为玩游戏玩得太高兴，小齐把作业都抛之脑后，好几次因为没有完成周末作业而被老师批评。得知情况后爸爸妈妈很生气，当即冲动地断掉了家里的网络，坚决禁止小齐玩游戏。不想，如此彻底的手段让小齐对游戏的痴迷变本加厉，他居然拿了压岁钱偷偷去网吧。意识到了问题的严重性，爸爸妈妈认真商量之后又改变了策略。他们接通了家里的网线，但是严格控制小齐玩游戏的时间，从而避免了小齐彻底逃离家庭、去网吧玩游戏的恶劣后果。实际上，小齐之所以这么迷恋网络，与他此前从未接触过网络有关。举例而言，一道菜再好吃，如果一个人天天吃，也会很快觉得兴致索然。而如果以前从未吃到过这么好吃的菜，尝过一次之后又长久没有吃到过，那么可想而知必然导致一下子失去控制，狼吞虎咽。游戏对青春期男孩而言也像是一道美味，所以父母切不可过分控制男孩，也不可完全放纵男孩。唯有把握好教育和引导的度，才能帮助男孩更理性地对待网络。

青春期男孩正是爱玩的时候，再加上体力旺盛，内心经常因为情绪的波动而不平静，所以他们很喜欢上网玩游戏，发泄自己在生活中的苦恼。尤其是现在很多网络游戏都有血腥与暴力因素，符合青春期男孩崇尚武力、肆意张扬的特点，而且可以网络在线与其他游戏玩家互动，因而导致男孩沉迷其中。

大多数青春期男孩都有一颗野心，他们对这个世界充满好奇，希望更多地了解世界。然而，因为学业的压力和家庭的管制，他们没有更多的机会和时间放松，如此一来，他们就会把网络当成自己的眼睛，希望在网络上更多地了解周围的人和事。对青春男孩而言，他们在成长的过程中会有很多困惑，当他们不好意思将这些困惑和难题向父母诉说或者求助于他人时，也会采取求助于网络的方式来解开自己心中的困惑。总而言之，青春期男孩可以从网络上了解更多信息，也能够通过网络游戏发泄自己的多余精力，给自己的生活增加更多的乐趣，如此一来，青春期男孩当然会不知不觉爱上网络，将网络当作生活中必不可少的一部分。

殊不知，凡事皆有度，过犹不及，当青春期男孩过度沉迷于网络时，他们必然会对学习产生懈怠，甚至对现实生活失去兴趣。而真正的人生是建立在现实生活基础上的，一味地沉迷于网络只会让青春期男孩变得越来越迷惘，导致他们脱离现实，出现各种各样的心理问题。对青春期男孩而言，网络更像是一把双刃剑，一旦青春期男孩无法控制自己对网络上瘾的状态，就会导致各种负面影响和问题接踵而至，从而使青春期男孩和父母都因此而陷入被动之中。

很多青少年因为沉迷于网络，导致无法正常学习和生活，最终被父母送到戒除网瘾的学校中，在里面遭受非人的惩戒与管制。因此，爸爸一定要多多和青春期男孩交流，让青春期男孩意识到网络只是一种工具，不能一味地沉迷于网络，否则就会使现实生活受到影响，也会让人生进入死胡同。唯有把网络使用得恰到好处，不迷失自我，才能保证青春期男孩的人生朝着正确的方向发展。

2 — 凡事要有度，不要成为网络游戏的“俘虏”

爸爸妈妈重新连上网络之后，小齐确实消停了一段时间。每天放学回家后都乖乖地在房间写作业。爸爸妈妈很欣慰，以为小齐对网络游戏的新鲜感已经消失了，因此放松了对小齐的限制。过了一段时间，小齐跟爸爸妈妈说他们几个同学组建了学习小组，每天放学后要在一起写作业，写完之后再回家。基于小齐这段时间表现良好，爸爸妈妈就同意了，答应小齐可以每天晚上十点前回家。

头几天，小齐每天不到十点就回家了，爸爸妈妈还表扬了小齐。然而，一天晚上九点多爸爸接到一个陌生电话，电话那头的人说：“叔叔，我是小齐的同学，小齐现在在人民医院，你们赶紧过来吧！”挂了电话，爸爸穿好衣服就往医院赶，一路上既担心又疑惑：小齐不是在同学家写作业吗？怎么会跑到医院里呢？

到了医院，爸爸才知道，原来小齐每天晚上根本不是在同学家写作业，而是和同学一起跑到网吧打游戏，怕耽误打游戏，连饭都不吃，结果导致胃痉挛，痛得直不起身，这才被送到医院。小齐躺在病床上，满脸羞愧。爸爸看着虚弱的小齐又是心疼又是生气。网络游戏真的有那么好吗？

为什么游戏会使青春期男孩沉迷其中呢？很多青春期男孩自从学会玩网络游戏就被网络游戏的魔力征服，对网络游戏乐此不疲，甚至因此导致精神错乱，把现实生活当成网络游戏去对待。最让人痛心的是，有极少数青少年因为过度沉迷网络游戏，导致自己根本分不清楚现实和想象，无法区分生活与游戏。因为没有足够的钱上网，他们甚至还会模仿游戏中的人物去抢劫杀人，最终不但害了别人，也彻底毁了自己。不得不说，很多青春期男孩对游戏的沉迷已经不单纯限于喜欢的范围，而变成了一种精神成瘾的现象。网络游戏中的血腥暴力给青春期男孩带来了很多负面影响，甚至使他们走入歧途。

沉迷游戏不但会影响青春期男孩的学习，分散他们的时间和精力，也会使他们变得更加喜欢决斗，倾向于用暴力解决问题。原本，青春期男孩就因为体内雄性激素的大量分泌而变得争强好胜，在游戏的误导和影响下，他们更不愿意成为失败者，因而一味地追求胜利。为了战胜网络游戏中的对手，他们总是不断地在游戏上投入时间和精力，不知不觉就沉迷在游戏中。再加上青春期男孩的自我控制能力很弱，好奇心也非常强烈，而网络游戏恰恰迎合了他们这种心理特点，所以能紧紧地抓住他们的内心，让他们沉迷其中，欲罢不能。近些年来还时常发生青春期男孩因为接连几天几夜玩游戏，导致体力透支，精神始终处于紧张状态而猝死的事件。这让父母不得不把网络游戏视为青春期男孩的杀手，深刻意识到沉迷于网络游戏给青春期男孩带来的巨大伤害。

当发现青春期男孩沉迷于网络游戏不能自拔时，父母一定不要惊慌，更不要一味地禁止男孩玩网络游戏，以防发生禁果效应，让男孩变本加厉，在沉迷于网络游戏的道路上越走越远。父母首先要弄清楚青春期男孩沉迷于网络游戏的原因，是觉得游戏好玩，还是为了逃避现实，或者只是因为觉得游戏很新鲜刺激。所谓解铃还须系铃人，父母唯有找到青春期男孩沉迷于网络游戏的原因，才能真正解开他们的心结，有效帮助他们减少上网玩游戏的时间。

具体而言，父母应该从控制青春期男孩上网的时间来循序渐进帮助他们消除对游戏的痴迷，需要注意的是，不要生硬粗暴地突然禁止男孩上网，而要给男孩一个接受的时间。等到把上网时间缩减到合理范围内时，父母就可以把时间固定下来，让男孩每天都在固定的时间内上网，不能超时和延迟。在使用这个方法控制青春期男孩上网时，一定要避免过于急躁，导致青春期男孩无法接受，出现反抗情绪。其次，青春期男孩之所以沉迷网络游戏，就是因为他们缺乏自控力和自制力，不能有效约束自己的行为。因此，父母应该引导青春期男孩养成自制力，或者采取奖惩分明的态度，或者以适当的方式分散青春期男孩的注意力。只要坚持下去，青春期男孩的自制力一定会越来越强。最后，为了巩固效果，避免青春期男孩因为无聊而再次沉迷游戏，父母要引导青春期男孩在现实生活中寻找乐趣，例如结交更多的朋友，培养兴趣爱好，让生活充实有趣，这些都是不错的选择。

归根结底，如果青春期男孩能从现实生活中得到更多的乐趣，那么他就不会沉迷于网络游戏。

3 生活中有趣的事情远比网上多

近来小东越来越宅了，不管是平时晚上做完作业还是周末在家里休息，他总是开着电脑，或是浏览新闻，或是和网友一起打游戏。总而言之，小东就是不愿意走出家门，和朋友同学一起出去玩。原来，小东的爸爸妈妈工作都很忙，周末也经常加班，经常把小东锁在家里，因而才让小东变得特别宅。

如今小东已经长大了，可以走出家门自由活动了，但是他已经习惯了宅在家里，更不愿意和同学们相处。每当妈妈催促小东出去玩、和同学朋友们更多互动时，小东总是说："我不想出去，我只想待在家里，同学们都很虚伪，还不如和人在网上聊天好玩呢！有的时候我们还一起打游戏，和面对面没什么区别，所以我很开心。"妈妈深知小东这样下去不行，经常引导小东和同龄人多互动，但都被小东拒绝了。

有一次，妈妈的单位组织员工的孩子一起出国游玩，原本妈妈担心安全问题，但是在考核过旅行社资质之后，妈妈放心了，决定说服小东去旅行，而且不允许小东带手提电脑，只允许他带手机。小东在妈妈的再三劝说下终于同意去旅行，小东上机场大巴时都很不乐意，但是这次妈妈态度很坚决，他拗不过妈妈，只好参加。经过半个月的旅行后，小东变黑了也变瘦了，但是整个人精神了很多，和此前宅在家里玩游戏萎靡不振的状态完全不同。妈妈对小东的改变非常惊讶，大呼没有早点用旅行的方式治愈小东的宅。这次旅行，参与者都是妈妈同事家里年龄相仿的孩子，小东还结交了好几个朋友呢！旅行结束后，他们经常在闲暇时约着一起打球、游泳、看电影，每次感受着这些有体温、情绪鲜明的朋友，他都非常开心。

在父母用生活中的乐趣吸引青春期男孩，帮助他们戒除网瘾时，一定要找一些男孩关注和喜欢做的事情，这样才能真正吸引男孩的注意力，让他们意识到现实生活的趣味远比网络上的空虚之味好。其实，很多男孩之所以沉迷于网络游戏，往往是因为对现实生活失望或者与父母关系疏远。具体而言，农村里很多父母都在外地打工，一年才能回家几天，而平时就让孩子跟着爷爷奶奶生活。日久天长，随着孩子不断的成长，只能给孩子做饭的爷爷奶奶再也无法满足孩子日渐增多的需求了，因而孩子只能把目光转向网络，把寻找人生乐趣的希望寄托在网络上。

此外，青春期男孩正处于对新生事物感到好奇的年纪，与爷爷奶奶之间必然存在代沟，因为长期得不到爷爷奶奶的理解，与他们的沟通存在很大的障碍，所以男孩会对家庭生活感到乏味。又因为爸爸妈妈长期不在身边，所以男孩即使有了心事也无人诉说。当爸爸妈妈以金钱弥补不能陪伴在男孩身边的亏欠时，男孩恰恰有了更多的金钱去玩游戏，一旦上瘾就很难戒除。最糟糕的是，在玩游戏的过程中，男孩还有可能结识很多社会上的闲散人员，由此误入歧途。

如果青春期男孩沉迷网络游戏是因为内心空虚，那么父母一定要重视，不能觉得这是个小问题。归根结底，男孩需要父母的陪伴和引导才能感受到生活中的乐趣。亲子关系的疏远只会导致男孩更加沉迷于网络游戏无法自拔，对他们的人生起到负面作用，甚至产生非常恶劣的影响。很多父母本身没有什么兴趣爱好，因而在生活中也缺乏情趣，在培养男孩的过程中，父母不要以自己的成长经历禁锢对他们的教育，而要注重培养他们的兴趣爱好，帮助他们感受生活的乐趣，让他们发自内心地热爱生活。

父母一定要记住，无论网络游戏多么精彩好玩，归根结底男孩面对的只是冷冰冰的电脑屏幕。且不说网络游戏中的血腥和暴力因素会给男孩负面的影响，就算是男孩能够抵制网络游戏的负面影响和作用，当他们沉迷于网络游戏时，也会因此疏远身边的人，甚至减少与他人之间的互动。想一想吧，如果男孩只有在面对网络中虚拟的人时才能打起精神，这是一件多么可怕的事情。大多数沉迷于网络游戏的男孩与父母之间的互动和交流都是很少的，可想而知，这对正处于青春期且需要父母引导的男孩而言是非常可怕的。总而言之，网络游戏不如让他们与父母快乐地嬉戏，更不如让他们与同龄人无忧无虑地玩耍。要想真正让男孩摆脱网络游戏的毒害，父母一定要让他们回到现实生活中，对现实世界充满激情与热爱。

4 网络世界很复杂，结交网友会受骗

小东好不容易才争取到每个周末可以上网两个小时的特权，为此他很珍惜这两个小时，或是在网上搜索一些自己想了解的信息，或是和几个熟悉的网友一起打游戏。在网友的引诱下，小东不但告诉了网友自己的真实身份，还告诉了网友自己就读的学校。有一次，网友说需要用几个手机号码，小东还把爸爸妈妈的手机号码都告诉给了网友。

没过几天，小东的爸爸妈妈就收到短信："你家孩子上学路上出了车祸，被我紧急送到医院救治，现在急需交押金，火速把钱转到这个账号上。"在这条信息下面，就是一连串数字组成的卡号。爸爸妈妈收到短信的第一时间就给彼此打了电话，发现两个手机都接到了同样的短信，便怀疑是骗子。爸爸马上给小东的班主任打电话，班主任确定小东正好好地坐在教室里上课之后，告知爸爸妈妈小东很安全。这个时候爸爸妈妈意识到他们的手机号码被骗子获

取了，放学后爸爸妈妈询问小东是否向陌生人透露过他们的手机号码，小东一开始不断地否定，后来突然想起来有网友曾经向他要过爸爸妈妈的手机号，赶紧去网络上查看情况。果然，那个网友已经凭空消失了。

在上述事例中，如果爸爸妈妈轻信了骗子的话，因为慌乱忘记打电话向老师核实情况，那么就必然要承受经济上的损失。对小东而言，信任朋友并没有错，但是网络上的朋友并不是真朋友，还是应该用心甄别，怀有警惕。网络犯罪因为隐藏在屏幕后面，因而很难抓到蛛丝马迹，更难以追回损失。因此，青春期男孩在面对网络上的朋友时要十分警惕，最好的办法就是避免网络交友，只要用心对待身边的朋友，就能收获珍贵的友谊。

如今，有很多青春期男孩喜欢在网络上交朋友，因为他们觉得网络上的朋友更真诚，有什么话都可以倾诉，也不怕被老师和同学知道。不得不说，网络上的环境特别复杂，常言道“知人知面不知心”，而网络上的朋友则是“不知人不知面更不知心”，完全不是青春期男孩可以驾驭的。

很多青春期男孩之所以觉得网络世界很真诚，是因为他们缺乏警惕心理，总是轻易相信网友。殊不知在复杂的网络世界中，有无数人因为网友的花言巧语和虚伪假面而上当受骗，甚至倾家荡产，生命安全都受到威胁。青春期男孩的身边有很多同龄人，根本没有必要在网络上结交朋友。偏偏很多青春期男孩都没有正确的交友意识，他们总是对身边的人心怀疑虑，而对网络上的人掏心掏肺，这种本末倒置的行为必然会让青春期男孩陷入危险的境遇。

不得不说，人心是这个世界上最复杂的东西，人与人之间各种关系的处理也有很大的难度。青春期男孩不能因为在现实生活中受到伤害就逃避现实，转而在网络世界里寻求安慰。要知道，唯有现实才是真实的，不要轻易相信网络上的所谓朋友。青春期男孩要把更多的时间和精力用于耕耘身边的友谊，而不要梦想与网络上的所谓朋友一见倾心。总而言之，友谊的收获并非简单的事情，唯有付出真心和感情，唯有坚持维系，才能让友谊长存。

为了保证安全，青春期男孩还要避免与网友见面，人们常说网络上的友谊是见光死，其实很有道理。因为在屏幕的遮挡下，每个男孩都会情不自禁把屏幕那头的朋友想得太过完美，而一旦真正见面，心中美好的感受就会消失殆尽，友谊也会戛然而止。既然如此，如果不是不得已的情况，还是让网络上的友谊生存在虚拟的网络世界吧，不要带入生活。近些年来，很多人因为见网友而让自己身陷陷阱，青春期男孩要引以为戒，才能最大限度地保护自己，避免因为盲目和轻信而让自己陷入危机之中。

5—— 远离有害信息，正确使用网络工具

有一天使用搜索引擎的时候，小东无意间点开了一个蹦出来的广告框，里面有很多让他面红耳赤、不敢面对的敏感词语和图片。一开始，小东看到那些图片几乎下意识地就扭过头。然而，平静了一会儿之后，小东又觉得心中有股力量蠢蠢欲动：反正爸爸妈妈现在没在家，距离他们下班还有一段时间呢，我为什么不能看看这些图片呢？他们根本不会知道。而且我也已经是大孩子了，应该了解这方面的知识，学校里都已经开设生理卫生课程了呢！

这么想着，小东情不自禁地看向电脑屏幕，从一开始的面红耳赤、心跳加速到后来的越看越想看，甚至恨不得妈妈爸爸每个周末都加班，那么就可以放心大胆看这些图片了。随着对这些图片的沉迷，小东觉得自己的心越来越不安分了，有几个夜晚，在看完图片之后，他还做起了乱七八糟的性梦。白天去了学校，看到班里的女生，小东还会想入非非，甚至幻想很多不该想的场景。在这样的刺

激下，小东变得神情恍惚，上课的时候总是不由自主地走神，学习成绩一落千丈。

很多青春期男孩都知道谷歌、百度等搜索引擎和工具，也会有意识地使用这些工具为学习与生活服务。然而，对青春期男孩而言，如果不能有效地甄别网络信息，被网络上的不良信息误导，不但会影响学习成绩，还会对自己的成长起到负面作用。例如，有的青春期男孩在使用搜索引擎的时候会无意间进入色情网站，看到色情图片，导致自身受到网络黄毒的恶劣影响，做出不好的举动。青春期男孩原本就处于性意识萌芽的关键时期，他们的内心对于性总是存在一定的冲动。假如在这种情况下接触网络黄毒，很有可能无法控制自身的性冲动，甚至做出强奸女孩的事情。曾经有一个少年因为接触网络黄毒，强奸幼女，受到了刑事处罚。这件事情不但毁掉了幼女，也毁掉了犯强奸罪的当事人，让人感慨唏嘘。实际上，这件事情的起因让人难以置信，就是因为这个少年无意间进入黄色网站，被网站里赤裸裸的色情图片和内容惹得性欲萌动，因而激情犯罪，完全没有考虑后果。

每当看到这样的事件，父母总是感到心惊胆战，既惋惜又哀叹，感慨如今教养环境的复杂。很多父母都感慨自己小时候懵懂无知，对长辈所说的话百依百顺，感慨现在的孩子懂的越来越多，反而更加有主见，不愿意听从父母的建议，做出很多让人瞠目结舌的事情来。从本质上而言，孩子们使用搜索引擎本身是没有错的，关键在于要营造健康的网络环境，不要让缺乏自制力的孩子在缺乏监管的情况下在网络的世界中肆意畅游。很多青春期男孩尽管身材高大，看起来和成人无异，但是实际上他们的内心还是不够成熟，需要父母的引导和监管，父母应该把握好孩子活动的范围和成长的方向。尤其是在复杂的网络环境中，大量的信息铺天盖地而来，父母更是应该保护好孩子。当然，这并非意味着父母需要随时随地陪伴在孩子身边，监视孩子的一举一动，实际上如今网络上有很多拦截不良信息的设置，只要加强拦截力度，就能为孩子营造健康的网络环境。

总而言之，虽然色情网站不会直接导致青春期男孩犯错或者触犯法律，却很容易让青春期男孩萌动的心更加失控，必须加以防范。此外，为了避免男孩受到网络信息的误导，父母更应该及早对他们进行性教育，让他们对性有正确的认知，从而有更强的力量抵制网络上的各种诱惑。

6 网络语言不规范，随便使用不可取

原本，小东的语文成绩不错，作文也写得很好。但是，近来老师发现小东的语文成绩急速下降，原本很擅长的语法也出现了巨大退步，这到底是为什么呢？

一次写作文，小东在作文里写道："原来是酱紫啊！"老师看了之后丈二和尚摸不着头脑，问小东："你的作文是手写的，又不是打印出来的，为什么会出现这样的笔误呢？"小东不以为然："老师，您真是OUT了，这是最时髦的网络流行语。"老师一听到"OUT"这个词语不由得火冒三丈："你这个孩子是怎么和老师说话的，给我说人话！"小东很委屈地想道：我说的就是人话啊，大多数人都能听懂的。然而，他嘴上却不敢和老师顶嘴，只是一声不吭地低着头，任由老师批评。老师苦口婆心地对小东说："我费了多大的劲，好不容易才教会你们语法，我看就是在这些时髦的网络流行语中，你们又要把那点儿语法知识都还给我了！但是现在就还

给我是不是太早了？毕竟你们还没有参加中考，也没有考取重点高中呢！如果现在不改掉这个坏习惯，继续对自己放任自流，那么等到中考的时候作文里出现这样的词语，你们一定会被扣分，而且还会被扣得很惨。”听到老师说得这么严重，小东不由得担心起来，说：“放心吧，老师，我一定会改正的。”

很多青春期男孩尤其喜欢使用网络语言，随口就能蹦出几个网络词，并且感觉自己很酷、很潮。殊不知，网络语言并不规范，有各种各样的语法错误，这对正处于语言学习期的青春期男孩而言，有很大的负面影响。青春期男孩如果经常说各种各样的网络语言，渐渐地就会养成用语不规范的坏习惯，导致生活和学习受到不良影响。因此，青春期男孩在日常生活中要养成规范用语的好习惯，避免受到网络语言的负面影响。

例如“蓝瘦”“香菇”等网络用语，如果是和同样熟悉网络语言的人进行交流，无疑是生动活泼的，但如果是和不熟悉网络语言的人交流则会使人非常困惑，根本不知道说话的人到底在表达什么意思。当幽默成为单方面的炫耀，那么再幽默的语言也只会起到阻碍沟通的作用。人与人之间，语言是最基本的沟通桥梁，也是人心与人心之间畅通的保证。如果沟通出现问题，那么人与人之间必然会面临很多尴尬的误解，也会导致事情的发展受到阻碍。所以真正的网络达人不会在日常生活中滥用网络语言，而是会为自己设置使用网络语言的情境，从而让网络语言起到更好的沟通交流作用，最大限度地推动人际交往朝着良好的方向发展。

当然，在特殊的情境中，例如青春期男孩和朋友相处或者是在网络上与朋友、同学交流，那么适度地使用网络语言并非不可取，还能起到调节气氛、活跃交流的作用。一定要记住，网络语言可供使用的语言环境很小，因而千万不要滥用网络语言。归根结底，人们交流的目的是使彼此之间心意互通，如果网络语言只能让听话的人觉得莫名其妙，那还有什么使用的意义呢？

7 —— 正确疏导压力，网恋其实很虚幻

初三那年，因为学习压力很大，小东和一个陌生的女孩网恋了。每当感觉不堪重负时小东就会拿出手机聊天，有时候能聊一个通宵。渐渐地，从实在不想学习时把聊天当成是一种排遣到后来越来越依赖与女孩聊天，小东觉得自己的心态发生了很大的改变。有段时间，他不管上课还是下课都惦记着女孩，无数次在心里幻想着她的样子。为了解开心中的好奇，小东决定和女孩见面。

他们约定了时间和地点，然后小东就做足准备去见女孩了。因为担心安全问题，小东特意提前到达约会地点，观察了周围的环境，守在附近等着女孩出现。小东左等右等，女孩就是没有出现，只有一个五大三粗的男人在他们约定的地方转了好几圈。小东不确定那个男人是否是网络中的女孩，因而把手机调成静音后拨打了女孩的电话，果然那个男人在同一时间拿起手机看了起来。小东心里一惊：天啊，原来我在和一个男人谈恋爱，不知道他是不是坏人

啊？纠结一阵后，小东一溜烟回到了学校。后来，不管那个男人是发信息打电话还是在网络上联系小东，小东都没有再回复过。从此之后，小东再也不敢在网上谈恋爱了，他这才相信父母以前告诉他的网恋有风险原来是真的。

小东的自我保护意识还算不错，所以才能避免把自己完全暴露在对方的眼皮底下。如果对方是一个坏人，那么可想而知小东必然身处险境，而且想要脱身都很难。幸好小东留了个心眼，有效地保护了自己。青春期男孩正处于初高中阶段的学习中，难免会因为学习任务艰巨而承受巨大的压力。每当感到学习很辛苦或者生活很苦闷时男孩要学会以正确的方式排遣心中的苦闷，而不要逃避，甚至通过网恋的方式来试图改变什么。

青春期男孩要想成为男子汉，就一定要勇敢、有担当，要正面面对和处理问题，而不要软弱怯懦，只想逃避。人的一生总会遇到各种各样的问题，逃避非但不能解决问题，反而会让人陷入更大的困境中，或者因为耽误了最佳的解决时机而变得被动。尤其作为男孩，一定要学会正确缓解压力。实际上，除了空虚的网恋之外，还有很多种方式能够有效缓解青春期男孩的压力，如看书、看电影、郊游踏青等。此外，男孩还可以培养自己的兴趣爱好，例如打羽毛球、打乒乓球、踢足球等，只要是自己喜欢的运动方式都可以很好地缓解男孩的压力，让男孩回到好状态。

在漫长的人生之中，男孩会面临各种各样的危机和压力。青春期学习的压力只是最简单纯粹的压力，也是最容易应对的。随着不断成长，男孩成为男人之后会面临更多的压力，如果不能从容应对，又如何主宰人生、掌控命运呢？明智的男孩会想方设法调整好自己的心态，用适当的方式发泄自己的压力，从而给予自己的生命更多的可能性，让自己拥有更美好的未来。

8　戒除网瘾要有一颗坚定的内心

正在读初三的小伟因为逃课上网被学校责令停课，回家反思。爸爸从学校将小伟领回来之后，非常愤怒。他觉得自己的脸都被小伟丢尽了，自己每天为了这个家辛辛苦苦工作，小伟竟然逃课上网，不好好学习，这怎么对得起他的辛苦付出呢?

吃完晚饭后，小伟一声不响地开门要出去，爸爸拦住他："你不好好在家待着，出去干吗？"小伟背对着爸爸，冷冰冰地说："去网吧。"爸爸一听火气就上来了，冲小伟吼道："你整天就知道上网玩游戏，游戏有那么好玩吗？你知不知道你马上就要参加中考了，难道你还嫌我丢脸丢得不够？到时候考不上高中，你让我在亲戚朋友面前怎么抬头啊？"小伟被爸爸刺痛了，也朝着爸爸吼道："嫌我丢人是吗？那你们当初为什么要生我，生下我又不管我，把我教成这副样子还嫌我丢人，你们有资格吗？"听到两人越吵越凶，妈妈赶紧从厨房跑出来："你们两个别吵了，小伟，你怎么跟爸爸说话呢？”小伟忍住眼里的泪水，打开门就要走，这时爸爸一把拉住他，跟妈妈说：“快过来帮我拉住他，我今天要把他锁在屋子里，把家里的网线拔了，看他怎么玩游戏！”妈妈不知所措，最后还是帮着爸爸把小伟拉回了房间，并拿钥匙锁住了门。

小伟失控地在房间里大喊大叫，爸爸和妈妈坐在沙发上，一脸疲惫。

之前看到新闻上报道父母把网瘾很严重的孩子送到某个专门戒除网瘾的机构里去戒除网瘾，结果孩子进入机构没几天就失去了鲜活的生命。在同情这些父母的同时，每个人都应该反思：如果爱孩子的父母都不能帮助孩子戒除网瘾，那么还有哪个机构有这么大的能力，能够帮助孩子戒掉网瘾呢？

不得不说，事例中小伟的父母是非常不负责任的，他们总觉得小伟不听话、很讨厌、网瘾很顽固，却从未反思自已缺乏教养孩子的耐心，对孩子的成长缺乏关注与引导。如果真的交点学费给某个机构就能把孩子身上的顽疾去除掉，那么这个顽疾一定不算是顽疾。既然如此，为什么还要把孩子送到那些冰冷的机构里去呢？实际上，不管是对父母还是对孩子来说，戒除网瘾都是一场硬仗，双方都必须非常努力才能战胜。因而父母和孩子都要做好心理准备，都要最大限度地激发出内心的力量，从而才能坚定不移，勇敢向前。

父母要想帮助青春期男孩戒除网瘾，就要了解青春期男孩对于网络的需求点在哪里，也就是找到男孩迷恋网络的根本原因。否则，父母只顾着盲目地去帮助青春期男孩戒掉网瘾，很容易竹篮打水一场空。此外，青春期男孩觉得人生空虚，除了网络无以寄托自己空虚的灵魂时，也应该扪心自问：我到底要怎么做才能拥有充实而又精彩的人生呢？不管答案是什么，充实精彩的人生一定不是在虚幻的网络上。青春期男孩必须培养自己的兴趣爱好，或是热爱运动，或是热爱文艺，这都是很好的精神寄托，唯独不要迷恋上网，让自己变得意志消沉，颓废沮丧。

人生的道路是漫长的，当青春期男孩因为一时的压力而迷恋网络时，他们的身心健康都会受到很大的损害。与其等到事态发展到不可控制时再想办法去补救，不如未雨绸缪，在事情还没有恶化到一定程度时就做出预防的措施。需要注意的是，在发现男孩开始对网络痴迷的时候，父母不要一味地禁止男孩。要知道，禁果效应的力量是很强大的。与其完全禁止男孩接触网络，不如把握好合适的尺度，给予男孩一定的自由，时间久了，男孩也许就不会痴迷网络了。

很多青春期男孩实际上是有理性的，理智告诉他们沉迷于网络不好，但是因为缺乏自控力和自律力，让他们一次又一次地沉迷网络。在如此反复的自我纠缠中，他们会越来越迷惘，既不能完全放弃理性沉迷于网络，又总是忍不住地自责。如此一来，男孩必然会陷入痛苦之中无法自拔，日久天长还会产生巨大的精神压力，使他们患上严重的心理疾病。青春期男孩的成长父母要负很大的责任，要知道，真正合格的父母不仅要为孩子提供物质条件，更要密切关注孩子的心理状态和精神健康。在开始帮助男孩戒除网瘾之前，父母首先要有意识地培养男孩的心理，让他们拥有坚韧不拔的毅力和坚强的内心。也许外界的力量很有效，但是对男孩而言，要想成功戒除网瘾，发自内心的力量才是最重要的。

电视上经常有青春期男孩因为沉迷网络无法自拔而选择自杀的新闻出现，不得不说，这与家庭教育的失败也有密不可分的关系。看到这里，相信很多父母都会感慨：养育孩子简直是一件太艰难的事情。的确如此，养育孩子，成为合格的父亲或母亲，是每个人一生之中最伟大也最艰难的事业，唯有怀着敬畏的心全力以赴做好这项事业，人生才算圆满。记住，只把孩子生下来而不去用心地养育，是远远不够的。真正合格的父母会全方位关注和滋养孩子的心灵，让孩子健康快乐地成长。